Stranica	Napomena

Biblioteka Oslobađanje
Knjiga 2
Urednik biblioteke
Denis Kotlar

Rebecca Nottingham:
ČETVRTI PUT I EZOTERIJSKO KRŠĆANSTVO
UVOD U UČENJE G. I. GURĐIJEVA
S engleskog prevela: Ivana Beker
Pripremio za tisak: Denis Kotlar
Obrada slike naslovnice: Iron-i-ja

---

1. izdanje, Zadar 2012.
Vlastita naklada, Denis Kotlar
Neograničena naklada (tisak po narudžbi)
Tisak: Createspace.com, USA

ISBN 978-953-56989-3-7, ostala izdanja: EPUB ISBN 978-953-56989-4-4
CIP zapis dostupan u računalnome katalogu Znanstvene knjižnice Zadar pod brojem 18 12

Naslov izvornika: *The Fourth Way and Esoteric Christianity : An Introduction to the Teachings of G. I. Gurdjieff*, ISBN 978-0966496031
Napisano i priređeno za tisak u *OpenOffice.org Writer 3.3*
Priprema korica za tisak u *Scribus 1.4.0.rc6*

Stranica	Napomena

Rebecca Nottingham

ČETVRTI PUT

i

EZOTERIJSKO KRŠĆANSTVO

Uvod u učenje G. I. Gurđijeva

S engleskog prevela: Ivana Beker

1. izdanje

Zadar, 2012.

Sadržaj

1. Predavanje

Uvod

Početkom dvadesetog stoljeća jedan je grčko-armenski ezoterijski učitelj s malom grupom učenika napustio Rusiju i revoluciju. Njegovo ime bilo je Georgij Ivanovič Gurđijev. Naposljetku je stigao u Francusku i osnovao centar za poduku kojega je nazvao *Institut za harmonični razvoj čovjeka*. Tu je Gurđijev podučavao razvojni sustav osobne transformacije kojemu je dao ime **Četvrti Put**.

Kroz njega je metafizičke, duhovne instrukcije uspio učiniti dostupnima racionalnome znanstvenom umu, objedinjujući duhovni nauk Istoka sa znanošću Zapada. Vrijednost ovog jedinstvenog postignuća je neizmjerna. Bez Gurđijeva, praktični put prosvjetljenja, nazvan "Rad", nikada ne bi dosegnuo zapadni svijet dvadesetoga stoljeća. Njegova formulacija ovog ezoterijskog učenja učinila ga je dostupnim općoj populaciji, dok je ranije bio poznat u malim, eksluzivnim grupama za koje je malo tko ikada čuo.

Nema kraja glasinama o vrlo zagonetnom gospodinu Gurđijevu. O njegovom neobuzdanom ponašanju, o njegovim naumima i moralnom karakteru, i o njegovim izvorima. Ipak, još uvijek se puno više raspravlja o sustavu zvanom Četvrti Put. Čini se da nema kraja stalnoj potrebi osporavanja ili dokazivanja valjanosti Četvrtog Puta, povezujući ga pritom s respektabilnim ili misterioznim izvorima. Još važnije, čini se da nema jasnog razumijevanja suptilne transformacijske psihološke prakse "Rada" – koja je srce i suština Učenja.[*] Otuda i stalna pitanja – kako prakticirati "Rad" ili zašto to uopće činiti, ili što je njegov cilj i rezultat. Glasine i rasprave neće vas odvesti nikamo u vašem traženju smisla i Istine u Četvrtom Putu. Klevetanje je isto toliko lako koliko i idolatrija. Samo iskustveno razumijevanje i Verifikacija ovog Učenja kroz praksu može otkriti njegov značaj.

Jednom kad imate Verifikaciju koja dolazi kroz praksu, ne možete pogrešno razumjeti svrhu Učenja. A jednom kad razumijete

---

[*] Izrazi koji se koriste u terminologiji Rada i Četvrtog Puta u ovom su tekstu pisani velikim početnim slovom (Učenje, Objektivna Istina, Verifikacija, itd.; op. prev.)

svrhu i Objektivnu Istinu koja se tu nalazi, znat ćete koliko je vrijedan Gurđijevljev doprinos. U tom svjetlu, sve glasine, osobne karakteristike i rasprave o originalnim izvorima potpuno su irelevantne.

Ono što nam je dano u psihološkom učenju Četvrtog Puta, nazvanog "Rad", jest praktično, provjerljivo uputstvo o samorazvoju koje je ljudskom biću moguće; proces stvarne transformacije ljudske svijesti. On podučava samostvorenoj samotranscendenciji – evoluciji. To je uputstvo kako rasti u svijesti. Pružajući novu perspektivu i probuđenu Savjest, Rad nudi šansu da izaberemo biti stvarni.

* * * *

Svatko od nas rođen je s prirodom koja izvire iz najjačeg nagona ljudskog bića. Taj nagon je samoodržanje, primarni imperativ opstanka. Psihološka priroda nastala iz ovog neophodnog elementa temelji se na sebičnom interesu, a izražava se kroz težnju za moći. Ljudska bića prirodno teže za moći nad svojim okružjem kako bi osigurala opstanak i ugodu. Otkrit ćete da se skoro sve što radite može pratiti unatrag do jednog od ovih elemenata kao motivacije. Razvoj koji je moguć onkraj ove automatske sebične motivacije za život jest psihološka evolucija.

Suštinska priroda svake osobe u interakciji s njenim individualnim okružjem stvara svu beskonačnu raznolikost pojedinaca, koji ipak svi imaju iste osnovne nagone, stvarajući iste konflikte u životima i događajima, čak i u povijesti. Ovakvo stanje najprikladnije bi se moglo nazvati animalnom razinom čovjekova Bića. Skoro svatko živjet će svoj život na toj razini, na njoj i umrijeti, nesvjestan da postoji ikakav drukčiji put. K tome, mnogo toga na toj razini Bića je ispod čak i životinjske razine, primjerice ubijanje iz zadovoljstva, okrutnost, osveta, seksualna perverzija, ratovanje, zlonamjernost. Te stvari prirodu većine ljudi definiraju po kvaliteti kao nešto ispod životinjske prirode.

Za takvu se osobu može reći da je u stanju sličnom usnulosti. Vođena sebičnim interesom i automatskog ponašanja, takva osoba je organizam koji reagira na podražaje djelujući bez slobodne volje, i nesvjesna je toga. Ta osoba troši svoj život i energiju reagirajući mehanički na svaku promjenu okolnosti, i u vanjskom životu i u unutarnjim stanjima. Svaki događaj izaziva reakciju koja je subjektivna i traži nagrađivanje. Stalno promjenjivi vanjski događaji i unutarnja stanja stvaraju život koji se sastoji od bešavnog slijeda reakcija. Takvo stanje naziva se San. Sve se odvija automatski i mehanički. To je stanje čovječanstva – ono *SPAVA*. Iz tog stanja rađaju se sve vrste konflikata, od ogorčenosti do nuklearnog uništenja, svaka okrutnost, svaka mrva zlonamjernosti, svaki čin nasilja. Ali nije ljudsko biće samo to. U svakome od nas također ima i nešto autentično, sa svrhom. Četvrti Put to naziva "Pravo Ja", i uči da ono postoji kao mogućnost, odnosno kao dostižno stanje koje u nama postoji iznad razine uspavanog stanja svijesti.

Ta razina otvorena je za inspiraciju Objektivne Istine koja uvijek izražava dobro, jer *Dobro je iznad Istine*. Smjernica ili inspiracija koju možete primiti u ovom probuđenom stanju dolazi s razine iznad vas, iz dimenzije Duha. Prema tome, vi morate podići vlastitu razinu svijesti do mjesta gdje možete čuti višu svijest – duhovnu smjernicu. To znači da morate izabrati, u trenutku - pored svih ostalih mogućnosti - da budete samotranscendentni.

Mogućnost da se živi na ovaj način – u Radu – daje smisao svemu u vašem životu. Ali živjeti to znači činiti to. Znači prakticirati i proučavati ideje, i znači stalno birati samotranscendentno Dobro. Jedna od najvažnijih točaka koje treba izvesti kad je riječ o "biranju" jest da ono bude hotimični, svjesni čin. Sami morate učiniti napor. Taj napor daje vam energiju i materijal za transformaciju. Ovo je nešto što možete učiniti jedino izborom, voljno. Biranje Dobra iznad sebičnog interesa stvara psihološku evoluciju koja se ponekad dogodi jednoj osobi koja je napravila samotranscendentne izbore; jednoj, ponekad.

Razvoj ili evolucija moguća za osobu na ovoj Zemlji za vrijeme njena života jest psihološka. Rezultat te samostvorene psihološke evolucije jest duhovni rast. Duhovni rast, psihološka evolucija, viša svijest i razvijeno Biće – sve ovo suštinski znači istu stvar, tj. opisuje višu razinu unutar vas. Svi ispravni putovi vode u tom smjeru.

Iz našega uobičajenoga stanja svijesti možemo imati vrlo malo razumijevanja za način na koji ćemo postati transformirana osoba. Učenje kako postati samotranscendentan zahtijeva prosvijetljene upute nekoga tko posjeduje razumijevanje ezoterijskog učenja. Uspenski: "Morate učiti od nekoga tko zna." S tom smjernicom, i znanjem i praktičnim Radom, možete ostvariti razumijevanje koje podiže vašu razinu svijesti. Vašim postojanjem na toj višoj razini manifestira se Pravo Ja. Na početku to može biti samo trenutno iskustvo, ali ono se može graditi svjesnom namjerom kroz bavljenje Radom. Postoji, dakle, stvarno znanje o transformaciji razine svijesti, ali je bolna aritmetička istina da je, unatoč tome što su znanje i značaj dostupni svakome u svako vrijeme, samo nekolicina zainteresirana za ezoteriju, a još ih daleko manje nađe stvarnu, trajnu evoluciju u prirodi svog karaktera – u Biću.

Ipak, bezuvjetna ljubav koja proširuje ovu priliku za buđenje vjerno ostaje uz nas, stalno dostupna, nepromjenjivo dobra. Kristov život proživljen je na svaki način potreban da se svim ljudima pod svim okolnostima omogući osobno zajedništvo s Bogom. Nitko drugi Njega ne treba i ne može slijediti na doslovni križ. To je završeno. Kako god netko pronašao Boga, On je smisao, ma kako se put zvao.

Postoje legitimni tradicionalni putovi k osobnom odnosu s Bogom, prije svega velike religije. Sve one imaju ezoteriju u svojoj suštini ili u svom mističnom aspektu. Međutim, ovo učenje ne izražava se u vanjskim oblicima, ritualima ili dogmama. Egzoterijski oblici svih religija vrlo rijetko donose stvarnu transformaciju, tj. individualnu evoluciju. Ali, uvijek je postojalo mnogo putova, kako bi svaki čovjek mogao pronaći svoj.

U kršćanstvu je moguće postići autentičnu transformaciju kroz vrlo jednostavnu i potpuno čistu inspiraciju koja nastaje iz iskustva empatije s Kristom i samotranscendentne Ljubavi prema Njemu. Moguće se potpuno i trajno izmijeniti iznenadnim radikalnim prosvjetljenjem u srcu i umu, iz kojega se rađa objektivno razumijevanje. Moguće je ostvariti transformaciju kroz patnju, i premda je to put kojeg Bog najmanje želi, to je uobičajeni ljudski put, jer se mnogi nikada ne okrenu Bogu prije nego počnu patiti. Postoji put transformacije kroz nesebično motivirano oponašanje Kristove prirode. Postoji put izbavljenja životom usmjerenim prema Bogu. I zato što je On pokazao PUT, svaki put, vječno i za svagda, postoji i pristup koji je dostupan intelektualnom, racionalnom, znanstvenom umu – koji ne zahtijeva posebna religijska obilježja. Samo Savjest. To je ezoterija.

Rad je razvojni put za vrlo ozbiljne ljude koji ovu autentičnu, trajnu promjenu u sebi ne mogu pronaći akademskim, ili inspiracijskim, ili empatijskim, ili tradicionalnim religijskim načinima. To je put praktičnih psiholoških uputa čija je svrha pročišćenje vašeg srca i uma, koje rezultira proširenjem svijesti. Utemeljen je na Objektivnoj Istini, i to je suštinsko ezoterijsko učenje koje je svijetu dao Krist – unutarnji smisao Njegova učenja. Ezoterijsko ne znači skriveno ili tajno. To znači unutarnje: unutarnji smisao stvari. To je beskompromisno čist, te stoga strm i uzak put, na kojemu će ustrajati samo najposvećeniji. Obzirom da je samotranscendencija elementarna snaga za promjenu u srcu svih stvarnih transformacija, u konačnici je to jedini put. Kako je to strm i uzak put, on zahtijeva pažnju i napor, a to dvoje nas doslovno opskrbljuje energijom potrebnom za promjenu.

Učenjem se može baviti svatko, u svakom trenutku običnog, svakodnevnog života. To je unutarnja, psihološka aktivnost koja u potpunosti ovisi o vašem osobnom naporu, vašim motivima i jasnom razumijevanju što činite i koja je svrha toga. Vi možete ispuniti prva dva uvjeta. Na nesreću, postoji samo nekoliko izvora koji vas tome putu mogu poučiti ispravno ili imaju ispravan cilj. Ako ste dovoljno sretni da pronađete takav izvor, bit ćete u stanju za sebe verificirati Objektivnu Istinu u srcu Učenja.

Jedna od tvrđih točaka Rada jest da on nije pasivna aktivnost. Slušati, čitati i stjecati znanje tek je početni napor. Nakon toga, svaka osoba mora poduzeti osobni napor, primjenjujući specifične prakse i vježbe koje su usmjerene ka prosvjetljenju. Ti su napori skoro u potpunosti unutarnji i psihološki. Njihov rezultat je vaše autentično sebstvo u stanju nevezanosti, i čistoća srca koja je suštinska priroda Poniznosti. Bavljenje Radom vodi Poniznosti koja zahtijeva najveću hrabrost.

Od početka morate razumjeti da je Rad definiran proces sa specifičnim ciljem. Cilj Rada je razviti se, tj. povećati razinu Svijesti. Vaša razina Svijesti odgovarajuće je izražena u razini vašeg Bića; prema tome, Biće se razvija sa Sviješću. Oni nisu odvojivi. Konačni Cilj procesa Rada je stvaranje autentičnog Dobra u osobi; objedinjeno, Savjesno ljudsko biće koje može djelovati iz samotranscendentnog Dobra umjesto iz samoljublja.

Proces bavljenja Radom počinje iskrenom željom za stjecanjem Znanja o idejama i praksama. Rad može započeti stvaranje transformacije u vama jedino kada vi počnete ideje i prakse primjenjivati na sebi. Znati o njima, razmišljati o njima, pričati o njima,

13

neće vas dovesti do promjene. Promjena zahtijeva individualni unutarnji napor i samo učenik može proizvesti snagu za napor koji donosi promjenu. Kad je o ovome Radu riječ, promjena znači transformaciju od Sna do probuđene Svijesti, od egocentrične psihologije do samotranscendentne psihologije. Proces se općenito može opisati kao pročišćavanje psihologije, koje je proučeno do detalja i iz specifičnog kuta. Taj kut je nekritičko Samopromatranje.

Samopromatranje je temeljna praksa u Radu i može se razviti u trajnu perspektivu svjesnosti. Samopromatranje je usmjereno na vašu psihologiju. Ono donosi svjetlost u vaš Rad. Ono što vidite unutar sebe u svjetlu Samopromatranja dat će vam informacije potrebne za transformaciju. Ne možete doseći samotrancendenciju ako nemate znanje o sebi. Potreban je ustrajan i opetovan napor kako bi se Samopromatranje prakticiralo ispravno, tj. s dovoljno objektivnosti da se bude nekritičan prema onome što se promatra, i dovoljno Savjesti da vas motivira na promjenu određenog Pogrešnog Rada. Prosvjetljenje iz Samopromatranja započet će promjenu unutar vaše psihologije, jer ćete sebe vidjeti u svjetlu Objektivne Istine.

Tek kad dođete do te točke, nakon učenja i opetovanog prakticiranja, saznat ćete što Rad traži od vas, a onda ćete morati odlučiti želite li nastaviti. Svaka mrva napretka ovisi o vašem iskrenom naporu, tako da je nastavljanje uvijek na vama. Ako nastavite s Radom osjećat ćete se gore, prije nego bolje. Promatrat ćete, poput sputanog zatvorenika začepljenih usta, dok vaša Osobnost hoda uokolo ponašajući se i govoreći na načine koji nipošto ne reflektiraju ono najstvarnije u vama – Pravo Ja. Sami sebi zvučat ćete neiskreno i osjećat ćete se nemoćnima. Iskusit ćete osjećaj psihološke vrtoglavice kada izgubite Stečenu Osobnost prije nego što je Istinska Osobnost imala vremena narasti. Ali, doći ćete do točke, ispočetka povremeno, gdje snaga Pravog Ja može usmjeriti Osobnost. Vaša Radna Memorija, koja je pamćenje o svemu što ste za sebe verificirali kroz praksu, rasti će, i unositi jasnoću i davati snagu.

Otkrit ćete da ovaj proces stjecanja nečega – Svijesti – uglavnom zahtijeva gubljenje stvari poput uobičajenih misli i emocija koje stvaraju buku u umu, tako da se unutra napravi mjesto s kojeg se može čuti. Otkrit ćete da morate Raditi, hotimičnim naporom, na svome putu do mjesta gdje možete početi primati prosvjetljenje od

Više Svijesti. I otkrit ćete da je značajka psihološke pozicije iz koje možete biti receptivni Poniznost. Poniznost nema zahtjeva, te stoga ima dovoljno unutarnje tišine da bi čula.

Provjerite je li to ono što ste tražili – biti skroman i čist u srcu, u službi Dobra. Ako tražite osobnu moć, nećete je u tom smislu riječi naći u Radu. Ne pristupajte Radu očekujući da budete nagrađeni veličanstvenim transformacijskim iskustvima. Dobit ćete alat. Morat ćete ga upotrijebiti sami kako bi stvorili transformaciju iz napora – RADA. Iskusit ćete otpor iznutra i izvana. Više nećete ići niz struju. Okrenut ćete se i struja će teći protiv vas.

Gurđijev, Uspenski i Nicoll zvali su to ezoterijskim kršćanstvom, pa nema razloga za odbacivanjem tog naziva. Ako shvaćate da je ezoterijsko učenje u kršćanstvu učenje o Objektivnoj Istini, onda shvaćate da svako učenje iz Objektivne Istine može biti isti put iz istog izvora kroz cjelokupnu ljudsku povijest, izražen u različitim kulturnim i povijesnim pojmovima. Korištenje kršćanskog učenja u ideji o samotransformaciji daje Radu čvrstu filozofsku i etičku utemeljenost koju je sadašnja generacija Gurđijevljevih škola i grupa napustila. Objektivna Istina sadržana u ovom Učenju može se verificirati osobnim iskustvom – a Rad vas uči da sve verificirate za sebe. Istina je svuda ista, sve vrijeme, za svakoga, i posljedično – provjerljiva.

* * * *

Postoji mnogo knjiga Gurđijeva i njegovih učenika, kao i onih o njima i Četvrtom Putu. Zato se ne bih zadržavala na materijalu koji se lako da pronaći bilo gdje. Isto tako, ono što se o Radu u Četvrtom Putu može pretpostaviti iz vanjske pozicije ima malo veze s njegovom impresivnom stvarnošću, što povijesni i anegdotalni materijal čini irelevantnim.

Ono na što ovdje želim obratiti pažnju jesu neki specifični problemi prisutni u sadašnjoj generaciji podučavanja Rada. Rad je psihološka metodologija Četvrtog Puta. Postoje nebrojeni načini na koji je Rad iskrivljen, što čini njegovu stvarnu suštinu nedostupnom. Taj gubitak naveo je mnoge da izgube svoju dušu u korupciji ovog duhovnog puta, u biznisu kupnje i prodaje stjecanja osobne moći.

Kad je riječ o sadašnjoj generaciji grupa Četvrtog Puta, neke od njih nehotice otkrivaju perverzije ili iskrivljenja, ili razinu Bića njihovih različitih vođa. Neke grupe ostale su tvrdo kristalizirane u oformljenoj dogmi i strukturi, kako bi osigurale apsolutno pridržavanje doslovnih riječi Gurđijeva i idolizaciju njegove osobe. Neke grupe stvorene su s namjernom zloupotrebom ideja i pogrešnom prezentacijom Učenja, u svrhu postizanja osobne koristi za učitelja.

Iako je iskrivljenje ideje "ezoterije" u mentalitet tajnog društva imalo određenu validnost u svijetu početkom dvadesetog stoljeća, ono svejedno i nadalje ostaje iskrivljenje u Radu Četvrtog Puta. Ono se koristi kao marketinška taktika jer ljudi vole tajne. Vole da im se otkrivaju tajne. Vole čuvati tajne i vole ih otkrivati drugima. Vole superiornost i moć koje osjećaju kad znaju nešto što ostali ne znaju. Kad je nešto tajno, to se čini posebnim, a oni koji imaju pristup tajni i sami se osjećaju posebnima. Prodavanje tajni uvijek pali jer se kupac osjeća moćnim.

Ali, u Radu ezoterijsko znači *unutarnje – unutarnji smisao stvari*. To ne znači skriveno ili tajno. U slučaju Rada, to se doslovno odnosi na unutarnji smisao Kristovog Učenja o osobnoj transformaciji – duhovni razvoj. Gurđijev je to zvao "Ezoterijsko kršćanstvo", kao i njegovi najvažniji učenici, Uspenski i Nicoll. Ezoterijsko učenje nije skriveno.

Bilo bi skoro nemoguće konceptualizirati učenje Četvrtog Puta samo na osnovu Gurđijevljevog pisanja. Uspenski ga je izrazio u intelektualnim pojmovima kozmološkog sustava, kroz novi model Univerzuma utemeljenog na ezoterijskom učenju. Nicollov doprinos je od jednakog značaja; on se usmjerio na Objektivnu Istinu najjasnije izraženu u ezoterijskom kršćanstvu. Ni jedan od ovih muškaraca nije bio savršeno ljudsko biće. Svaki od njih imao je svoju subjektivnost s kojom se trebao izboriti, ali oni su postigli nešto izvanredno. Zajedno su ostavili prosvijetljene upute za samoostvarenu evoluciju. Rad. To je sveti put.

Današnja era globalnih masovnih medija i računalne tehnologije okončala je ezoterijsku tajanstvenost. Svo raspoloživo znanje virtualno je dostupno svima zainteresiranima. Nažalost, ono što će tragaoci naći u reprezentativnim školama i grupama Četvrtog Puta jest degenerirana verzija, podučavana bez jasnog konteksta i svrhe. Elitistička ideologija "tajnih društava", kao i obožavanje učitelja i poslušnost, nastavljaju se i dalje, umjesto stvarnih uputa i usmjerenog procesa. Stjecanje osobne moći i nagrađivanje postali su smisao učenja, umjesto samotranscendencije i proširenja svijesti.

Rad je put prema razini gdje svijest postiže zajedništvo s Bogom posredstvom Duha. Pogrešnom interpretacijom ovog Cilja, sustav Četvrtog Puta može biti, i bio je manipuliran kako bi se učenike uhvatilo u klopku i prevarilo, i tako prouzročilo štetu u njihovoj psihologiji. Svrha ovog sustava je da pročisti i ozdravi vašu psihologiju i prosvijetli Svijest. No on je upotrijebljen protiv ranjivih učenika, za pljačkanje njihovih duša i bankovnih računa. Kao i kod konvencionalne egzoterijske religije, ljudi čuju rezonanciju Istine i budu privučeni time. Međutim, u Gurđijevljevim školama ili grupama neće pronaći Istinu. Ono što se može pronaći jesu kultovi s različitim uspjehom. Potencijalni učenici dovode se u zabludu i iskorištavaju se, spriječeni u razvoju kroz Rad od strane samih učitelja i organizacija koje bi ih trebali podučavati Četvrtom Putu.

Bilo je lako izvesti korupciju učenja, ne samo zbog promašivanja konteksta i cilja, nego i zato što je Gurđijev podučavao specifičnu kozmologiju, koristeći način izražavanja koji vas može očarati i fascinirati zauvijek. Ili isti ti izrazi mogu učenika odvesti do psiholoških, transformativnih ideja Rada. Rad nije Kozmologija i nisu Pokreti, premda oni imaju svoje mjesto u sustavu. Rad je psihološko Učenje u srcu Četvrtog Puta. On je unutarnji smisao Četvrtog Puta, ezoterijski smisao onkraj Kozmologije i Pokreta. Kozmologija se ne može sva doslovno verificirati, a Pokreti, jasno je, nisu mogući svakom učeniku koji traga za transcendencijom. Rad, koji je svima dostupan i svatko ga može verificirati, jedini je aspekt Četvrtog Puta koji u učeniku može stvoriti psihološku transformaciju. On je JEDINI psihološki dio Učenja koji je značajan za transformaciju.

* * * *

Rad je na nekoliko vrlo važnih načina temeljno drukčiji od svih ostalih putova za svjesni razvoj. Za početak, premda psihološki sustav, Rad se ne slaže sa standardnom psihološkom pretpostavkom da ljudsko biće ima svijest. Moderna psihologija pretpostavlja da osoba koja je budna i hoda uokolo ima svijest. Rad tvrdi da je svaka osoba u takvom *budnom stanju* zapravo u stanju Budnog Sna, u kojem je prisutno vrlo malo svijesti. Ali i naučava da se svijest može razviti putem specifičnih hotimičnih napora. Rad uči kako razviti svoju svijest kroz ideje i psihološke prakse koje grade novu vrstu razumijevanja. To zahtijeva veliki unutarnji sukob sa stavovima osobnosti i momentumom Spavanja u životu.

Sljedeća ideja je jedna od suštinskih u Radu. Ona se razlikuje od svake religijske tradicije i općenite ljudske pretpostavke da se na Zemlji vrši Božja volja. Božja volja se ne vrši na Zemlji, i to se može verificirati. Svo zlo i patnja koje vidite u svijetu nisu rezultat Božje volje, jer Božja priroda je JEDNA. Ta jedna značajka je Savršeno Dobro. Ono što stvara kaos nasilja i patnje jest volja individualaca da djeluju i žive iz sebičnih motivacija. Na Zemlji se ne vrši Božja volja, nego volja čovjeka. Ako vjerujete da je Božja priroda nešto drugo osim savršenog Dobra, što onda štujete? Samo je Dobro vrijedno štovanja.

Nicoll:

"... Religiozni ljudi obično zamišljaju da je ono što se događa na Zemlji uvijek Božja volja, i pokušavaju jedni druge utješiti i ohrabriti tom mišlju, čak i suočeni s potpuno besmislenim i slučajnim nesrećama, katastrofama i smrtima. Ljudi koji nisu religiozni to uzimaju kao dokaze da nema Boga ... Ljudi sude ima li ili nema Boga po onome što se događa na Zemlji. U svakom desetljeću pišu se knjige koje dokazuju da je postojanje Boga nemoguće, obzirom na činjenicu da je tako mnogo zla u životu i tako mnogo okrutnosti i štete u prirodi, a većina ljudi u privatnosti svojih vlastitih misli dolazi do istog zaključka. Obzirom na to, i argumentirajući sa stanovišta vidljivog svijeta, je li moguće vjerovati da Bog – kao vrhunski princip najvišeg Dobra – postoji? ... Ako dokaze o postojanju ili nepostojanju Boga uvijek tražimo u vidljivom svijetu, time nećemo dobiti ništa. Prema tome, izvlačiti zaključke o Bogu prema onome što se događa na Zemlji znači krenuti s potpuno krivog stanovišta. Ljudi stalno kreću s te pogrešne razine ... Oni vidljivi vanjski svijet smatraju prvom pozornicom božanske osvete i u događajima vide Božju ruku koja kažnjava ili nagrađuje ljudska bića prema njihovom ponašanju. Ljudi vide Boga kao pravo ili pravdu na Zemlji. Vide Božju ruku u ratu i vjeruju da je Bog na njihovoj strani, te kako će pobjeda značiti da je Božja volja ispunjena. To je vanjska, na osjetilima osnovana ideja o religiji, koju je Krist ukorio. On je rekao da svi ljude trpe istu sudbinu dok se ne pokaju, ali što znači 'pokajati se'?
Riječ koja se kroz cijeli Novi zavjet prevodi kao 'pokajanje' na grčkom jeziku je 'metanoia', što označava preobražaj svi-

jesti. Grčki član 'meta' nalazi se u nekim riječima koje se koriste prilično uobičajeno, npr. metafora, metafizika, metamorfoza. Uzmimo metaforu; ona znači preneseno značenje. Govoriti metaforički znači govoriti mimo doslovnih riječi, prelaziti preko ili iznad, i tako prenijeti značenje onoga što je rečeno onkraj izgovorenih riječi. Metafizika se odnosi na proučavanje onoga što je izvan isključivo vidljive fizičke znanosti, primjerice proučavanje prirode Bića, ili teorije znanja, ili činjenice svijesti. Metamorfoza se koristi za opis transformacije oblika u životu insekata, transformaciju iz gusjenice u leptira – prijelaz ili transformaciju jedne strukture u potpuno novu strukturu, u nešto onostrano. Prema tome, član 'meta' ukazuje na prijelaz, ili transformaciju, ili onostranost. Drugi dio riječi koja se prevodi kao pokajanje – noia – izvedena je od grčke riječi 'nous', što znači um/svijest. Riječ metanoia u njenom suštinskom značenju označava transformaciju svijesti."

Nicoll:

"Uči se da je radikalna, trajna transformacija moguća, a Metanoia je tehnički opis toga. Ali čovjek ne može trajno dosegnuti svoju višu razinu sve dok u sebi ne izgradi poveznicu s idejama koje ga postupno mogu uzdići iznad trenutno postojeće razine. Ideja o samorazvoju Čovjeka, ideja Metanoje ili transformacije svijesti i ideja o Kraljevstvu Nebeskom jesu povezane i srodne ideje ... Kristovo učenje je učenje o mogućoj individualnoj evoluciji u čovjeku ... Svatko na ovoj planeti sposoban je za određeni unutarnji rast i individualni razvoj, i to je istinsko značenje i najdublji smisao Kristovog učenja, a počinje Metanojom."

Rad je Učenje o procesu zvanom Metanoia, koji je psihološki preobražaj.

* * * *

Postoji jedan važan zajednički element u većini religioznih učenja, kako u drevnima tako i u metafizičkim ideologijama New Age-a i mnogim popularnim vjerovanjima ili razvojnim sustavima, koji je u neskladu s Objektivnom Istinom. To je također i ono što, između ostaloga, Rad čini vrlo različitim od ostalih putova. Skoro svi popularni razvojni sustavi uče da duhovni rast – razvijena Svijest – rezul-

19

tira dobicima u materijalnome svijetu, osobito bogatstvom i zdravljem. Takva ideologija tvrdi da viša svijest ili psihološki/duhovni rast iscjeljuje fizičko tijelo i osigurava bogatstvo u fizičkom svijetu. To nije točno. Materijalni svijet ne može odrediti razvoj u duhovnoj ili metafizičkoj sferi. Niti metafizička dobit može biti viđena ili mjerena zemaljskom materijalnošću. Ono što je moguće, a što se tumači iskrivljeno, jest da podizanje razine Bića privuče različite utjecaje i okolnosti, jer vaše Biće djeluje na vaš život.

Vašem tijelu može se dogoditi bilo što, i zapravo svačije tijelo pati i svačije tijelo umire. Vi trebate ne dozvoliti da vaše psihološko stanje ovisi o okolnostima materijalnoga svijeta. Vi možete razviti Svijest neovisno o vašoj kondiciji ili bilo kojim okolnostima. Obzirom da je razvojni put suštinski uvijek iznad vas, dostupan u svakom trenutku, životne okolnosti ne predstavljaju ograničenje za vašu moguću razinu Svijesti. Ovo je duhovna Istina, lako provjerljiva. Jasna objektivna opservacija dokazat će vam da zdravlje i bogatstvo nemaju nikakve veze s osobnom duhovnom prirodom ili razinom Svijesti. Najuspješniji i najaktivniji ljudi na svijetu teško da su odgovarajuće duboko duhovni ili razvijeni u Svijesti ili Biću. Niti se najautentičnije razvijeni i duhovni ljudi nužno nalaze među bogatom jogging-elitom.

Gore navedene ideje pogrešno su protumačene čak i unutar legitimnih tradicionalnih sustava. Pogrešne interpretacije ukazuju na nižu razinu razumijevanja i izražavanja duhovne istine, i – slučajno ili ne – dobro se prodaju. Tu se miješaju različite razine Razumijevanja. Duhovnom rastu pripisuje se odgovarajući materijalni rast. Tvrdi se da će vaš svjetovni život postati savršen ukoliko vaš duhovni život postane savršen. To je željeno razmišljanje [wishful thinking] u punom sjaju. Pogledajte živote svetaca. Svakome se u životu može dogoditi bilo što, uključujući siromaštvo i bolest. Ali u životu se ne može dogoditi ništa što bi moglo spriječiti razvoj Svijesti. Razvijeno Biće, koje je izraz Svijesti, može prihvatiti život takav kakav jest, i nastaviti se izražavati, stvarati i živjeti u Dobru.

To ne znači da vaša psihologija ili duhovna razina nemaju utjecaja na fizičko tijelo, ali ozbiljna je greška vjerovati da će neki određeni put rezultirati savršenim životom u fizičkome svijetu; ako je dobitak u fizičkome svijetu makar i u najmanjoj mjeri dio vaše motivacije za slijeđenje duhovnog puta, nećete razviti ništa. To je pogrešan pristup, i nije dostupan razini duha. On vaše napore čini uvjetovanima i sebičnima, što je antiteza transcendenciji.

Ova velika laž, da će sljedbenici bilo kojega učenja postići zemaljsku superiornost i moć, uključujući zdravlje i bogatstvo, zavodi ljude podalje od mogućnosti stvarne duhovne transformacije, obzirom da stvarna duhovna transformacija ovisi o čistoći vaših motiva i znači kretanje od egocentrične psihologije prema samotranscendentnoj psihologiji.

Sa samotranscendentne razine možete vidjeti djelomičnu istinu iz koje nastaju pogrešne formulacije. Shvatit ćete da su viša razina Svijesti i duhovni rast jedno te isto. Duhovno razumijevanje s više razine Svijesti mijenja vaše životne preokupacije i interese, a vaša nevezanost za životne okolnosti ostavlja vas zadovoljnim onim što jest. Niste više toliko zainteresirani za ono što možete dobiti ili učiniti, koliko što možete dati i postati.

Stvarno razvijeno Biće posjeduje strpljenje i mir. Ono je zadovoljno čekanjem ili djelovanjem bez zahtjeva, jer je živjeti u Biću bogato smislom. Je li vanjski život težak ili lagan ostaje nevažno, jer se vaše srce i um kreću ispravnim putem. To daje smisao svakome danu, i mogućnost da se u svakom trenutku bude na putu, u ovom slučaju da se bude u Radu.

* * * *

Postoji još jedna vrlo važna praksa koja se stalno zloupotrebljava, osobito u školama Četvrtog Puta. To je praksa dovođenja vaše svjesnosti u sadašnji trenutak. Ako se ova psihološka vježba izvodi pravilno, ona je alat. Pravilno prakticiranje znači precizno "dovođenje vaše svjesnosti u sadašnji trenutak". Ta će vas praksa izvesti iz mehaničkog momentuma života i vaše Identifikacije s njim. Umjesto da budete potpuno u Snu i zarobljeni u automatskim reakcijama, podižete vašu svjesnost iz tog hipnotičkog stanja do spoznaje sadašnjeg trenutka kojeg živite. Najprije osjećajući svoje tijelo u ovdje i sada, zatim šireći svoju svjesnost kako bi tijelo uključili u njegovo okružje, a iz vašeg neposrednog okružja u širi razmjer. Primjećujete da osjećate napetost, da su vam obrve skupljene, ili tapkate nogom, ili vam je želudac stisnut, i hotimično oslobađate energiju i opuštate se. Odbijate svim mislima ili emocijama pristup vašoj pažnji koja je fokusirana na sadašnji trenutak. Gledate, primjećujete, oslobađate se napetosti, i na nekoliko trenutaka niste dio mehaničke struje života. Kao rezultat, možete imati snažniji osjećaj Pravog Ja.

Istupanje iz vaše mehaničke svijesti na nekoliko trenutaka minoran je oblik *prakticiranja* Pamćenja Sebe. To je vrijedna praksa koja vas može odvesti van momentuma Sna, dati vam iskustvo razmjera i neku svjesnost o Sebstvu izvan tog mehaničkog momentuma na trenutak. Isto tako, ona praktičaru daje iskustvo oslobađanja od Identifikacije i Negativnih Emocija "u trenutku". To je posljednji dio koji je iskrivljen u uputama Četvrtog Puta, pri čemu se ta vježba naziva Pamćenje Sebe iako *ona to nije*, i pri čemu se učenika podučava da se mora suočiti sa svakom poteškoćom Pamćenja Sebe. Kad bi učenik mogao prakticirati *puno* Pamćenje Sebe, onda bi mogao dosegnuti Pravo Ja, ali Pamćenje Sebe ima mnogo oblika i stupnjeva. Učenik-početnik ne može uskočiti u prisutnost Pravog Ja jer je Pravo Ja još uvijek nepoznato i neoblikovano, dakle ne postoji mjesto u koje bi uskočio.

Ako pažljivo promatrate, vidjet ćete da se širenje svijesti na razini svjetovnog života odvija horizontalno. Ono počinje od toga da postajete svjesni sebe fizički, i širi se do kontekstualne, psihičke svijesti o sebi. Iako ta praksa može pružiti vrijedno znanje, ona je alat, a ne kraj. Ona nije cesta prema Svjesnoj Evoluciji, nego jedan od mnogih alata koji služe za kreiranje određene vrste svjesnosti, i u tome je od pomoći. Ona ne stvara Pravo Ja, nego čisti put kako bi ga privremeno osjetili, i najvažnije – ona nije Pamćenje Sebe.

Do zloupotrebe ove prakse u Četvrtom Putu dolazi kad učenik postane ovisan o osjećaju oslobođenosti od Identifikacije ili bolnih emocija makar i na nekoliko trenutaka – onda je to alat za emocionalnu disocijaciju. Ili kad se učenika savjetuje da koristi ovu praksu kako bi postao Neidentificiran kad god iskusi Negativne Emocije. Korištena na takav način, pretvara se u mehanizam za izbjegavanje i učeniku ne dopušta mogućnost Promatranja, prepoznavanja i odvajanja od Pogrešnog Rada koji i dalje stvara Negativne Emocije.

Kad iskustvo Negativnih Emocija tretira ovom praksom, učenik ostaje zarobljen u slijepoj ulici. Odnosno, Negativne Emocije = unesi svijest u sada i ovdje fizičkog svijeta = privremeno oslobađanje od emocija = nema jasne Opservacije o tome što su Negativne Emocije i s čime su povezane u psihologiji = nema bavljenja time, ili razumijevanja, ili Rada na tome kako bi se postigla transformacija. Tako učenik koji vrši praksu na pogrešan način ne može graditi strukturu Razumijevanja kojom bi se postupno mogao uzdići do trajne razine Neidentifikacije. On može samo uvijek iznova pokušavati skočiti i dodirnuti to stanje. Dodirnuti to stanje je moguće. Živjeti u njemu zahtijeva izgradnju. Izgradnja zahtijeva dugoročnu pažnju i napor.

Rad nam pruža mnogo alata i ideja za kreiranje transformacije. Primarna, suštinska praksa je Samopromatranje. Kroz Samopromatranje učite se vidjeti kako funkcionira vlastita psihologija. Putem Samopromatranja učite "spoznati samoga sebe". To je temeljna praksa iz koje raste svako razvoj. U usporedbi s njom, praksa "bivanja prisutnim" nudi malo znanja s kojim možete Raditi.

Tako ova iskrivljena praksa zaustavlja razvojni proces i priječi učeniku postizanje razumijevanja koje se dobiva kroz Samopromatranje. Isto tako, drži učenika zarobljenikom "škole", jer do razvoja ne može doći pogrešnim prakticiranjem.

* * * *

Sljedeće iskrivljenje koje se poučava u školama Četvrtog Puta apelira na želju da se izbjegne patnja koju doživljava svaka osoba. Tvrdi se da vas Rad uči kako zaustaviti patnju. Istina o Učenju jest da vi učite kako zaustaviti *nepotrebnu patnju*, što nije ista stvar. Žrtvovati vašu patnju, učiti kako postati objektivan prema njoj, nevezan za nju – nije ni nalik emocionalnoj disocijaciji koja je rezultat pogrešne prakse. Emocionalna disocijacija je pogrešan rad Emocionalnog Centra i potpuno ograničava vašu sposobnost da primite Rad. Kroz aktivni proces Rada naučit ćete što je Nepotrebna Patnja i osloboditi se nje. Ali, prodaje se ideja da je viša svijest oslobođena ljudske patnje. To nije istina. Na jedan način pati više, na drugi manje. Ideja Neidentifikacije je jasnoća i čistoća u Emocionalnom Centru, a ne odvojenost od njega.

Postoji još jedno vrlo grubo iskrivljeno tumačenje jedne ezoterijske ideje koja se poučava u najuspješnijim školama Četvrtog Puta. Riječ je o ideji "plaćanja", a iskrivljena je opet na način da se psihološkoj istini pripisuje doslovno značenje. Gurđijevljeve "škole" uče da morate platiti za ono što dobijete, preciznije – dati novac i usluge školi. Princip bi trebao biti da ćete više cijeniti ono za što date novac, a ideja se koristi kako bi se učenike uvjerilo da moraju dati velike iznose novca "školi": obavezna davanja, posebne donacije, kazne, itd., da bi primili Učenje. Napomenut ćemo da škole imaju određene financijske potrebe i da je primjereno da učenici koji mogu podijeliti taj teret tako i postupe. Ali to nije ezoterijska ideja o *plaćanju*.

Ideja da morate platiti za ono što dobijete ispravna je kad se razumije psihološki. Istina ovog duhovnog principa je da morate nešto žrtvovati kako bi stekli Svijest ili Biće, tj. evolvirali. Razlog tome je da morate iznutra nešto otpustiti kako bi napravili prostor za razvoj Svijesti. Ako ste zapeli u mehaničkom stanju koje svijest drži uspavanom i ništa niste otpustili, promjena je nemoguća. Promjena je suštinska. Ne možete se promijeniti i ostati isti. U Radu, promjena znači žrtvovanje sebičnog interesa. To žrtvovanje je vaše plaćanje, duhovno/psihološki govoreći.

Dakle, postoji Objektivna Istina u ideji da svaka osoba mora "platiti" kako bi dobila od Učenja. Psihološka Istina u Radu jest da je vaše "plaćanje" napor koji činite, svaki napor koji napravite kako bi se probudili. Kad, primjerice, žrtvujete svoju potrebu da budete u pravu, dobit ćete slobodu od psihološke tiranije i patnje zbog toga što morate biti u pravu. Ovo je pravilno razumijevanje plaćanja i dobivanja u Radu. Cijeli koncept žrtvovanja u Radu mora se pravilno razumjeti, inače razvoj nije moguć.

U skoro svakom učenju ova ideja koristi se kako bi se iz učenika izmamio novac i dobrovoljni rad. Tumači vam se da morate žrtvovati svoje vrijeme i energiju kako bi doprinijeli zajednici fizičkim radom ili uslugama i, naravno, morate dati novac, mogli ga smoći ili ne. Uz napomenu da ove vrste žrtvovanja *nemaju* potencijalnu vrijednost, ključno je razumjeti: ono što Rad traži od vas da žrtvujete je vaša patnja, odnosno vaša Nepotrebna Patnja. Samopromatranje će vam osvijetliti sve što trebate žrtvovati, i naučiti vas razlikovati Nepotrebnu Patnju od Potrebne Patnje. Samopromatranje, uz znanje Rada i Savjest, razotkrit će vam sve što morate žrtvovati da bi razvili Svijest.

Cijela ideja žrtvovanja toliko je zagađena perverzijama da je od vitalnog značaja da razumijete kako u Radu žrtvovanje vršite tako što činite napor da ideje primijenite na sebi. Taj napor može uključivati stjecanje znanja, otvaranje vašeg uma, usmjeravanje misli, hotimično korištenje vaše pažnje i energije, iskrenost, poštenje, posvećenost i stvarno prakticiranje psiholoških vježbi Samopromatranja, Unutarnje Podjele, Neidentifikacije, Vanjske Konsideracije (vanjskog pridavanja značaja, op. prev.), i još mnogo toga. Ove ideje tako su složene da samo putem iskustvene Verifikacije prakse možete razumjeti njihovo pravo značenje. Tako ćete početi razumijevati što trebate i kako možete žrtvovati. Prvo što ćete razumjeti jest da je ovo žrtvovanje psihološka/duhovna praksa, a ne direktiva materijalnoga svijeta.

Ako ovu ideju žrtvovanja uzmete izvana, tj. egzoterijski, jednostavna matematika "što veća žrtva, to veći dobitak" postaje pravilo. S te razine razumijevanja nastaju sve perverzije; tako siromašni ljudi šalju svoje životne uštedevine TV-propovjednicima, ili namjerno stvaraju patnju kako bi žrtvovanje bilo veće, sve do doslovnog žrtvovanja ljudskog života. Žrtvovanje bilo koje vanjske stvari uvijek je lakše (linija manjeg otpora) od žrtvovanja ega, Stečene Osobnosti, Slike koju imate o sebi, Unutarnje Konsideracije i svih vrsta Identifikacije. Lakše je, ali je i opasno. Čuvajte se religija, škola, razvojnih putova ili sustava koji zahtijevaju da žrtvujete svoj novac i svoje vrijeme njima za plaću. Oni su ili nešto temeljno pogrešno razumjeli o stvarnom razvoju Svijesti, ili namjerno zloupotrebljavaju ideju za vlastitu korist. Ako Radite ispravno i žrtvujete ispravno i događa vam se stvarna psihološka transformacija, onda ćete željeti dati nešto zauzvrat onome što je vama dalo to čudo. Kad dođete do te točke, inspiracija će vam reći kako da uzvratite, a način će biti za svakoga drukčiji. Dobrovoljni rad, pa i novac, tada će biti darovi zahvalnosti i poštovanja. Takvi darovi su čisti.

* * * *

Sljedeća od središnjih ideja Gurđijevljeva učenja koja se pogrešno podučava je ideja o građenju duše. Ovo je jedna od temeljnih ideja i vjerujem da je u pitanju nerazumijevanje duhovnog koncepta, ili samo pogrešno provođenje procesa. U kozmologiji Četvrtog Puta rečeno je da svjesnim naporom možete izgraditi dušu koja postoji u Vječnosti (u elektronskom svijetu, da tako kažemo). Duhovna stvarnost je takva da sve ono što ne dolazi iz više svijesti ne završava nigdje, jer je proisteklo iz sna. San ne može proizvesti nešto vječno. Prema tome, vi ne možete graditi svoju dušu, obzirom da nemate višu svijest. Možete graditi svoju svijest, što može rezultirati ostvarenjem duše. Međutim, kroz višu svijest otkrit ćete da primate, a ne da gradite dušu. Razvijanje više svijesti, a to je ono što *možete* graditi, je Rad za spas duše – otkupiteljski život – koji stvara unutarnji prostor prijemčivosti.

Ezoterijsko učenje govori da morate organizirati vaša tri postojeća tijela kako bi vam postalo dostupno božansko tijelo. To znači graditi svoju dušu, ali samo u smislu stvaranja uvjeta neophodnih za posjedovanje četvrtog, božanskog tijela. Što posjedovanje božanskog tijela znači u odnosu na dušu, ne može se znati. To zacijelo ne znači da vi takvi kakvi jeste možete biti besmrtni u božanskoj svjetlosti. Ali može značiti da će svako dobro koje napravite postati provodnik svjetlosti, te da će dospjeti do sfere božanske svjetlosti, dakle postati besmrtno. No ideja da ćete besmrtno posjedovati vašu vlastitu osobnost mora vas uplašiti ako je uzmete ozbiljno.

Obzirom da ovo Učenje spada u ezoterijsko kršćanstvo, pravo razumijevanje ove ideje ne kaže da morate izgraditi svoju dušu, jer ako bi je mogli stvoriti sami rezultat bi bio Frankenstein sačinjen od iskrivljenja nastalih vašim ograničenostima. Ono što možete učiniti kroz Rad jest da unutar sebe stvorite pročišćeni prostor u kojemu može obitavati ono što se u tradicionalnom kršćanstvu naziva Duh Sveti. Taj prostor je Viša Svijest. Viša Svijest, bivajući na potpuno drukčijoj razini, ima psihološku orijentaciju različitu od Sna, te može primiti utjecaje odozgo. Ako unutar vas nema prostora koji je dovoljno očišćen od sebičnog interesa, onda niste dostupni višim utjecajima i Duh ne može prodrijeti i krstiti vas, jer nema prostora prijemčivosti u koji bi mogao ući.

U Radu je riječ o pročišćenju naše psihologije i emocija, čišćenju unutarnjeg prostora kako bi bili otvoreni, sposobni da budemo prijemčivi i oćutimo nešto od onoga što Rad naziva višim utjecajima – ili od Više Svijesti, ili onog što je poviše nas, duhovno govoreći.

Dakle, proces krštenja u tradiciji Ezoterijskog Kršćanstva suprotan je egzoterijskom ritualu uranjanja pojedinca u vodu. Simbolično uranjanje osobe u Duha Svetoga obrtanje je stvarnog procesa. Niste vi ti koji uranjaju u Duha Svetoga i izlaze ispunjeni njime. Duh Sveti uranja u vas, i to samo u mjeri u kojoj je vaš unutarnji prostor prijemčiv. Radom se stvara taj prostor. Iskustvo je univerzalno, stoga su proces i transformacijsko iskustvo isti za sve ljude u svim vremenima. To je prepoznatljivo i provjerljivo.

* * * *

Ako vas zanimaju moći koje ćete steći baveći se Radom, trebali bi točno znati što su one. Bit ćete sposobni transcendirati vaše osobne želje u korist višeg dobra. Nećete više biti natjecateljski nastrojeni. Nećete više osjećati potrebu da se branite, ali ćete to moći ukaže li se potreba. Osjećat ćete se ugodno unutar sebe. Vaše akcije bit će motivirane jedino Dobrom, jer Dobro je priroda razvijenog Bića. Vaše Pravo Ja neće bacakati uokolo životne okolnosti. Pravo Ja naprosto će prikladno odgovarati, uvijek stvarajući Dobro. Vaša subjektivna patnja bit će manja, ali će objektivna patnja biti veća. Vaša Savjest će rasti i primati utjecaje koji mogu stvoriti stvarnu, trajnu promjenu – evoluciju. Iskusit ćete mir, prihvaćanje, spokojnost, uvažavanje, zahvalnost, radost, skromnost, opraštanje, svjesnu inspiraciju, hotimičnost u akciji.

Sigurno ste za neke od ovih ideja, u obliku izvedenica, čuli i iz drugih izvora. Potencijalne moći koje se učenicima nude u postojećim školama Četvrtog Puta dolaze sa razine mišljenja utemeljenog na osjetilnom opažanju. One apeliraju na Osobnost. Govore da ćete postići samo-majstorstvo i moć da "činite". Probudit ćete se iz iluzije života. Ostvarit ćete svoje više sebstvo, poboljšanu verziju sebe. Otkrit ćete svoje Pravo Ja. Oslobodit ćete se uobičajenih pravila koja upravljaju životima drugih ljudi i bit ćete sposobni djelovati hotimično, postižući rezultate koje želite. Primit ćete skriveno znanje koje je nedostupno van "škole". Naučit ćete kako iskusiti stanja više svijesti. Dospjet ćete pod izravnu moć C Utjecaja. Imat ćete razumijevanje kojeg uspavano čovječanstvo nema. Saznat ćete ezoterijske tajne o tome kako stvoriti svoju dušu. Bit ćete u stanju stvoriti vlastitu dušu, i to će vam dati besmrtnost.

Važno je napomenuti da nijedan od ovih izraza moći nije potpuna laž, nego predstavljaju nižu razinu izražavanja Objektivne Istine iza njih, ili preciznije – iskrivljenje. Oni ne izražavaju kontekst i cilj Rada. Njihova je svrha da privuku Osobnost. Je li to iskrivljenje namjerno ili je manifestacija nedostatka Bića, u tome nije poanta. Poanta je u tome da osoba ne može rasti u Radu ako njeni motivi proizlaze iz sebičnog interesa. Rad ne može služiti sebičnim motivima jer Viša Svijest ovisi o samotranscendenciji.

Zato svatko tko pristupa Radu mora od samog početka razumjeti da je daleko važnije odricanje od sebičnog interesa i odricanje od traženja nagrade, nego stjecanje osobnih svjetovnih moći i samo-majstorstva u uobičajenom smislu. A takvo odricanje sebe zahtijeva neizmjerni napor – RAD.

* * * *

Sav Rad odnosi se na podizanje razine Svijesti i evoluciju razine Bića. To je osoban, unutarnji, psihološki Rad, jer je to prostor u kojem može doći do razvoja. Vaše Biće, koje je manifestacija vaše Svijesti, isto tako je izraz vaše psihologije. Cilj procesa je razmontirati Stečenu Osobnost putem napora koji je osvjetljuju i oduzimaju joj moć. Cilj je pročistiti psihologiju od onoga što je lažno i neautentično, jer psihološki uvjeti ometaju razvoj Svijesti. Ti elementi se proučavaju, imenuju i transcendiraju, čineći pročišćenijima srce i um, osjećaje i misli, tj. psihologiju.

Ovaj Rad, koji počinje znanjem o sebi, naziva se samo-evolucija, jer mogućnost evolucije postoji samo kroz iskrene napore koje ste sami hotimično izveli. Evolucija se događa u i kroz energiju napora. Svaka osoba mora napraviti vlastite napore – Rad – kako bi evolvirala. Nitko ne može evolvirati intelektualnim razumijevanjem, upijanjem, blizinom ili znanjem. Samo osobni napori Rada donose snagu za evoluciju.

U Četvrtom Putu, ideje Rada koje pripadaju tom ezoterijskom učenju odnose se na osobnu, psihološku evoluciju i zahtijevaju stvarne osobne napore kako bi se stvorilo iskustveno Razumijevanje. Gurđijevljevu kozmologiju možete uzeti ili ostaviti, ali nitko ne može napredovati u Radu i postizati evoluciju Bića i Svijesti bez prakticiranja i primjene psiho-transformacijskih ideja na sebi s iskrenošću i ustrajnošću. Ako se ideje ispravno razumiju i ozbiljno prakticiraju, rezultat je razvoj Svijesti i Bića.

Mnogi su privučeni predstavljanjem Rada kao sustava za razvoj osobne moći, pa čak i besmrtnosti – osobito oni koji već imaju opasno oblikovani ego. Većina ih se lako zadovoljava time da daju novac kako bi primili navodno tajno znanje koje će ih automatski transformirati i opskrbiti gore spomenutim moćima. Ironija je u tome što vrsta i stupanj taštine koja odgovara ovakvom pristupu Radu nema šanse da nadraste svoj sebični interes, što je cilj Rada. Motivi ovih ljudi poražavaju ih od samog početka. Rad nije lagan proces, on je doživotan, i on je za ljude koji imaju vrlo ozbiljno htijenje da postanu autentični i dobri, i koji za promjenom čeznu dovoljno da bi Rad i obavili.

Malo će ljudi otkriti, a još manje izabrati ozbiljni put trajne transformacije. Možda razlog nije puno složeniji od činjenice da je linija manjeg otpora najprivlačnija mehaničkom čovječanstvu.

* * * *

Kristova patnja u životu i u smrti nije bila Božja volja. Dijelom je ona bila žrtva kakvu je zahtijevao karakter ljudske prirode kako bi poslužila kao primjer iskustva koje može shvatiti svatko, u bilo koje vrijeme. Njegova patnja i smrt bili su nužna dimenzija njegovog zemaljskog života, poduzeta hotimično kako bi zajedništvo cijelog čovječanstva putem božanske ljubavi bilo moguće. To je bila nesretna, nužna žrtva, voljno dana od Boga kroz Krista, dana iz ljubavi, da nas nauči spoznati Boga i voljeti jedni druge.

Stavljati put svjesnog razvoja u kontekst utemeljen u istinskoj kristologiji je prednost, obzirom da postoji valjano, provjerljivo učenje i Božanski Učitelj. Ali psihološki Rad samo-transformacije spada u metodologiju koja je podjednako dostupna svima, neovisno o vjerskoj ili sekularnoj pripadnosti. Imati religijske težnje svakako je prednost, ali ta neopisiva žudnja ima mnogo naziva i mnogi se nađu zbunjeni oko onoga što traže. Zato se lako zadovoljavaju bilo kojim emocionalnim iskustvom vjerske prirode koje ispunjava njihove potrebe. Ali nekolicina ustrajnih u traženju autentičnog smisla, nekoliko sretnika, pronaći će put ezoterijskog kršćanstva, zvanog Rad.

Objektivna Istina najviša je razina Istine. Ona se ne mijenja ni vremenom ni pod bilo kakvim okolnostima. Kao voda, ona se kreće kako bi se prilagodila životu, ostajući pritom ista supstanca – Objektivna Istina. To se može verificirati putem iskustvenog Razumijevanja. Proces i rezultat Verifikacije je individualni, unutarnji doživljaj, a ipak isti za svakoga, u svako vrijeme.

Kristov život bio je model žrtvovanja koji je odgovarao razini razvoja čovječanstva. Njegova multidimenzionalna priroda čini ga dostupnim svima i uvijek. Ali on je dao i učenje – autentičnu metodologiju koja je uputstvo za duhovni razvoj. U Radu je to uputstvo uobličeno u psihološke prakse s ciljem razvoja više razine Svijesti. To je uputstvo kako postati osoba sveta u Biću i u životu. Ovom životu sada. Vašem životu dok ste ovdje i možete služiti. Što se događa nakon ovog života, nije provjerljivo. Trebate se baviti Radom iz ljubavi, iz Vrednovanja tog dara za vaš život, iz zahvalnosti koje osjećate jer vam je dan smisao i put za hod u Dobru, prema svome višem Sebstvu.

2. Predavanje

Namjera ovih predavanja jest pružiti vam razumijevanje sustava Četvrtog Puta, koji je ezoterijsko učenje o unutarnjem razvoju mogućem za ljudsko biće. Saznat ćete o odnosu kršćanske ezoterije i Četvrtog Puta. Dobit ćete naputke o idejama, praksama i vježbama, o terminologiji, procesu i cilju, zahtjeve i rezultate bivanja učenikom Četvrtog Puta. Na kraju ovih predavanja trebalo bi jasno znati što je Četvrti Put i je li on put koji želite slijediti.

Ezoterijsko učenje je psihološki sustav, ali je različit od današnje verzije psihologije. Moderna znanstvena psihologija proučava čovjeka onakvog kakav jest ili kakav pretpostavlja da jest. Ezoterijska psihologija proučava čovjeka sa stanovišta njegove moguće evolucije. Takva psihološka perspektiva korištena je u ovim predavanjima – perspektiva moguće evolucije čovjeka.

* * * *

Ezoterija

U ezoteriju spadaju sva učenja koja se bave unutarnjim razvojem čovjeka. Ezoterijsko učenje je posebna vrsta znanja koje treba usvajati i postupno razumjeti putem emocionalnog razvoja. Njegova je svrha stvoriti duboku i autentičnu trajnu promjenu u individui.

Ezoterijsko učenje postojalo je tijekom cijele ljudske povijesti u različitim oblicima i školama. Ono je u različitim vremenima bilo "posijano" u svijet kako bi nas usmjerilo. Nicoll:

> "U svakom je dobu bilo sijano u svijet ezoterijsko učenje koje daje pravac u kojem bi se trebala odvijati ljudska evolucija ... U našoj epohi ezoterijsko učenje dano nam je u evanđeljima, ukazujući na pravac u kojem bi se trebala odvijati individualna evolucija u ovom periodu."

Značenje riječi "ezoterijsko" obično se pogrešno razumije kao tajno ili skriveno. Ezoterijske škole postojale su tisućama godina, ali u predindustrijsko-tehnološko doba sastojale su se od relativno malih, izoliranih grupa. Velika većina čovječanstva nikada nije čula za ezoteriju, a izuzetno malo ljudi došlo je u dodir sa stvarnim školama. Mentalitet "tajnog društva" u odnosu na ezoteriju dijelom se pojavio iz neznanja (zbog okolnosti), a u sadašnjim školama Četvrtog Puta koristi se kao marketinška taktika. Ljudi vole tajne, vole elitizam, autoritete, i pristaju na utvrđene hijerarhijske grupe. Ali ezoterijsko ne znači tajno ili skriveno; ono se odnosi na unutarnji smisao stvari. Gurđijev:

> "Prije svega, ovo znanje nije skriveno; i drugo, ono zbog same svoje prirode ne može postati opće vlasništvo."

Ezoterijsko učenje nije skriveno, dostupno je; međutim, ogromna većina ljudi ne može ga *čuti*, a ako i čuju, smatraju ga fantastičnim, ili u najmanju ruku nepotrebnim.

Ezoterijsko učenje je za one koji nisu zadovoljni sobom ili životom kakav jest, one koji osjećaju da mora postojati neki viši smisao života i koji žude pronaći vlastiti smisao u njemu. Ako ste uglavnom zadovoljni sobom, vrstom osobe kakva jeste, ezoterija nije put za vas. Vi morate u sebi imati pitanja i osjećati želju za razumijevanjem, za cjelovitošću i osobnim smislom i usmjerenjem. Onda ćete, ako tražite, kada nađete biti u stanju "čuti".

Gurđijev, Uspenski, Nicoll

Gurđijev (1872-1949)

Toliko je toga napisano o vrlo zagonetnome Georgiju Ivanoviču Gurđijevu, da bi za svakoga bio težak zadatak odvojiti činjenice od fikcije, ili u ovom slučaju klevetu od idolatrije. Ogovarati je lako, a informacije iz druge ruke su subjektivne. Općeprihvaćeno je da je on bio grčko-armenskog porijekla, da je od djetinjstva poučavan u sufističkoj tradiciji i moguće da je u jednom razdoblju bio pravoslavni redovnik. Također je dugo putovao Egiptom, Grčkom, Indijom i Kavkazom, u potrazi za ezoterijskim školama. 1917. je napustio Rusiju s malom grupom učenika, naselivši se 1922. u Francuskoj. Kupio je rezidenciju Fontainebleau i otvorio *Institut za harmonični ra-*

zvoj čovjeka u kojem je podučavao Četvrti Put.

Njegove su metode bile kontroverzne, a osobno ponašanje ponekad neobuzdano. Uvijek se raspravljalo o njegovim motivima, akcijama i njegovoj legitimnosti. Gospodina Gurđijeva može se susresti samo u Radu Četvrtog Puta, sustavu kojeg je podučavao. Gurđijeva ćete susresti u svjetlu razumijevanja Rada, njegove veličine i značaja, a nakon toga će glasine i rasprave o njegovim izvorima postati irelevantne. Ljepota i važnost Četvrtog Puta kojeg je on predstavio zapadnoj civilizaciji potvrđuju njegovu autentičnost, ali je on unatoč reputaciji, postignućima i ekstravagantnoj osobnosti ostao skroman. Svojim je potencijalnim učenicima ostavio ovo vrlo strogo upozorenje: "Nikad ne brkaj vozilo s teretom."

Uspenski (1878-1947)

Petar Damjanovič Uspenski rođen je u Moskvi. Bio je intelektualac, nekoliko godina i novinar, te je proputovao Istok, Europu i Rusiju. 1907. otkrio je ideju ezoterije i bavio se njenim proučavanjem u mnogim zemljama i različitim metodama. Potraga ga je odvela do Egipta, Grčke, Indije, Cejlona i mnogih drugih zemalja. Također je proučavao i okultnu literaturu, yogu, tarot i magijske metode. Držao je javna predavanja o svojoj potrazi za čudesnim.

Gurđijeva je sreo 1915. u Moskvi, i taj ga se susret toliko dojmio da je oformio grupe kojima je Gurđijev predstavio svoje učenje. Uspenski i Gurđijev imali su klimave osobne odnose. 1918. Uspenski kaže:

> "Više ga ne razumijem i smatram nužnim odvojiti Gurđijeva i sustav, o kojemu nemam sumnji."

Pomogao je Gurđijevu da se 1922. useli u Fontainebleau u Francuskoj i potom ga tamo posjetio u više navrata. Uspenski se 1924. konačno razišao s Gurđijevim u obostranoj ljutnji, ali je nastavio njegov rad u Londonu. Kad je 1947. umro, rukopis njegove knjige "Fragmenti jednog nepoznatog učenja" poslan je Gurđijevu, koji je rekao: "Prije sam mrzio tog čovjeka, sada ga volim." Knjiga je objavljena 1949. pod naslovom "U potrazi za čudesnim".

Nicoll (1884-1953)

Maurice Nicoll rođen je u Kenslou, Škotska, u uglednoj obitelji. Pohađao je univerzitet i postao liječnik, a kasnije je, kao psiholog, u Londonu imao svoju praksu. Nekoliko godina proveo je studirajući u Parizu, Berlinu i Beču i jedno vrijeme radio s Carlom Jungom. 1914,. u I svjetskom ratu, služio je u sklopu R.A.M.C.* u Galipolju i Mezopotamiji, liječivši ljude s povredama glave i kralježnice.

1921. sreo je Uspenskoga i zainteresirao se za Učenje. Nešto kasnije zatvorio je svoju praksu u Londonu i otišao živjeti u Fontainebleau, gdje je blisko surađivao s Gurđijevim. Kada se vratio u Englesku od Uspenskog je dobio dopuštenje da prosljeđuje ideje koje je primio od oba učitelja. Počeo je s podučavanjem 1931. u Engleskoj, i nastavio sve do smrti 1953.

Opći prikaz i cilj

Četvrti Put je ezoterijsko učenje o mogućem osobnom razvoju svijesti ljudskog bića. Čovjek je stvoren kao samo-evolvirajuće biće. Nicoll:

> "Čovjek je posijan na Zemlju ... s mogućnošću unutarnjeg razvoja, i ovaj Rad, Kristovo učenje i mnoga druga učenja postoje isključivo zahvaljujući toj činjenici – čovjek je stvoren kao organizam sposoban da prođe unutarnju evoluciju."

Sustav koristi ideje, prakse i vježbe osmišljene za stvaranje postupne promjene razine vašeg razumijevanja, u perspektivi vašeg uma i prirodi vašeg karaktera. One se mogu prakticirati u životu – vašem životu kakav sada jest. Nema potrebe da se izdvojite iz vašeg okružja i odete u zasebnu zajednicu kako bi se bavili Četvrtim Putom. Njegova psihološka metodologija predviđena je za prakticiranje u vašem svakodnevnom životu, uz sve okolnosti i ljude koji mu pripadaju.

To zahtijeva dvije vrste napora – rad na znanju i rad na vašem

---

*   R.A.M.C. (Royal Army Medical Corpus); Liječnički korpus kraljevske vojske

Biću, jer iz to dvoje nastaje razumijevanje. Sav razvoj ovisi isključivo o vlastitim naporima i motivima. Iskrenost je, uz poštenje, najvažnija. Riječ je o doživotnom procesu čiji je cilj stvaranje ispravno postavljene psihologije koja je u stanju primiti božansku inspiraciju, ili ono što se u Četvrtom putu naziva višim utjecajima.

Četvrti Put nazvan je tako referirajući se na tri ostala pristupa unutarnjem razvoju Volje. Prvi *put* je put fakira; put fizičkog tijela kojim se razvija "tjelesna volja". Drugi *put* je put redovnika kojim se oblikuje os religijske posvećenosti, ljubavi prema Bogu, stvarajući "emocionalnu volju". Treći *put* je put yogina kojim se razvija "volja uma".

Ovaj sustav uči da svatko posjeduje tri dana *tijela* – fizičko, emocionalno, intelektualno – i potencijalno četvrto tijelo koje se mora stvoriti Voljom. Put kojim se oblikuje samo jedno tijelo je neuravnotežen. Fakir može razviti ogromnu fizičku volju i možda biti u stanju svoje ruke držati ispružene godinama. Kakva je korist od toga? On nije razvio svoje emocionalno *tijelo* niti intelektualno *tijelo*, i tako sa svojom "voljom" ne može učiniti ništa vrijedno. Skoro je isto i s ostala dva puta. Redovnik je nerazvijen fizički i intelektualno. Yogin je nerazvijen fizički i emocionalno. Razvojno učenje Četvrtog Puta radi sa sva tri dana tijela istovremeno, da bi se stvorio "Uravnoteženi Čovjek" koji može razviti "Svjesnu Volju" kojom se omogućuje pristup božanskom tijelu.

U kršćanskoj terminologiji četiri tijela se nazivaju tjelesna, prirodna, duhovna i božanska narav. U Četvrtom Putu ona su prvo, drugo, treće i četvrto tijelo.

Prvo tijelo je na površini , fizičko tijelo koje doživljava senzacije. Ono nam je dano već organizirano, ali funkcionira mehanički, reagirajući na vanjske utiske.

Drugo tijelo je emocionalno tijelo i ono je neorganizirano mnoštvo osjećaja i želja koje se stalno mijenja, koje je neusmjereno i reagira automatski. Ono se nalazi dublje od prvog tijela.

Treće je intelektualno tijelo koje je sačinjeno od misli i funkcija razmišljanja. Ono je također neorganizirano mnoštvo promjenjivih, nasumično potaknutih misli.

Četvrto tijelo je božansko tijelo. Ono je dostupno jedino "Voljom" stvorenoj uređenjem drugog i trećeg tijela. Razvoj Svjesne Volje kroz uređenje tri dana tijela pruža pristup vašem božanskom tijelu ili naravi, koje je neizrecivo. Ako je to postignuto, tada četvrto tijelo postoji i posjeduje svijest, individualnost i volju. Četvrta Volja – četvrto Tijelo je Majstor. To je najviši i najdublji dio vas.

Funkcioniranje nerazvijenog čovjeka inicirano je vanjskim životom. Njegovo prvo, fizičko tijelo doživljava senzacije koje izazivaju emocije u drugom tijelu, a one se izražavaju u mislima trećeg tijela. U ovom slučaju nema četvrtog tijela, nema tijela volje, tu je samo zbrka malih, konfliktnih, trenutnih volja, stimuliranih neuređenim emocijama i mislima. Njegove funkcije podliježu promjenjivim senzacijama u vanjskom životu.

U ovom sustavu, razvijenog Čovjeka usmjerava svijest u njegovom božanskom tijelu i on se podvrgava božanskoj volji. U ovom slučaju, najdublji (četvrto tijelo) usmjerava funkcije ostala tri tijela. Svjesna budnost četvrtog tijela razumije potrebe svake okolnosti, te božanska volja usmjerava misli u trećem tijelu obzirom na te potrebe; misli u drugom tijelu stvaraju nesebične emocije, iz kojih nastaju odgovarajuće akcije u prvom tijelu. Na taj način, ono što je najviše stvara hotimične akcije, a tri dana tijela služe tome.

Stjecanje Božanskog tijela je isti proces kao i krštenje. Četvrti Put predstavlja praktične upute o procesu stjecanja.

Opća struktura sustava

Postoje tri aspekta opće strukture sustava Četvrtog Puta kakav se podučavao u Fontainebleau – kozmologija, Pokreti i Rad.

Kozmologija

Mnogo toga može se dobiti proučavanjem kozmologije Četvrtog Puta. Međutim, odmah na početku rekla bih vam da je jedan od kamena temeljaca ovog sustava savjet "sve provjeri za sebe". Kozmologija predstavlja model Univerzuma koji širi um. Njeno proučavanje može vam dati perspektivu razmjera i relativnosti i dimenzionalno proširiti um. Neke ideje djeluju kao neka vrsta šoka, osmišljene da vas malo probude ili vas natjeraju da mislite drukčije o stvaranju općenito, i o vašem mjestu i smislu unutar njega. Ako promislite te ideje, vaše se razumijevanje može početi mijenjati.

Zraka Stvaranja je primarni kozmološki model uređenja Univerzuma. Sve stvorene stvari uređene su prema zakonima, inače bi bio samo kaos – nered. Sustav uči da Univerzum živi i razvija se, težeći jedinstvu i svijesti. Njegova struktura predstavljena je Zrakom Stvaranja.

Zraka nam pokazuje sedam razina Stvaranja, počevši s Apsolutom koji podliježe samo jednom zakonu – zakonu vlastite volje. Druga razina je razina svih mogućih zvjezdanih sustava ili galaksija, i ona podliježe trima zakonima. Svaka sljedeća razina podliježe zakonima prethodne razine i jednakom broju zakona vlastite. Tako treća razina, koja je razina našeg Mliječnog Puta, podliježe trima zakonima druge razine i trima zakonima vlastite – dakle, ovoj razini pripada šest zakona. Četvrta razina je razina našeg Sunca, i ima dvanaest zakona. Peta razina je razina planeta općenito, i pripadaju joj dvadeset i četiri zakona. Šesta razina je razina Zemlje, pod četrdeset i osam zakona. Sedma je razina našeg Mjeseca, pod devedeset i šest zakona.

Br. Zakona	
1	Razina Apsoluta
3	Razina svih mogućih zvjezdanih sustava ili galaksija
6	Razina našeg Mliječnog Puta
12	Razina našeg Sunca
24	Razina planeta općenito
48	Razina naše Zemlje
96	Razina našeg Mjeseca

Tablica 1: Zraka Stvaranja

Zraka Stvaranja uči da je sva materija energija koja se zgušnjava udaljavajući se od svog izvora u Apsolutu, postajući sve grublji i gušći materijal. Naša Zemlja i ljudska bića pojavljuju se daleko dolje pod Zrakom, te podliježu mnogim zakonima; zakonima prirode, zakonima fizike, zakonu slučaja, itd. Čovjek je samorazvijajuće biće, stvoreno u posebne svrhe u funkciji Zraka Stvaranja. Iz tog nam je razloga dana slobodna volja da izaberemo evoluciju. Gurđijev: "Postoji samo evolucija i ne-evolucija." Zapravo, postoji i degeneracija koja je svakako ne-evolucija, ali ona nije statično stanje. Dakle, moguće je degeneracijom izgubiti sposobnost da postanemo svjesni.

Posebna svrha u Zraci Stvaranja za koju smo stvoreni, individualno i kolektivno, u kozmologiji je najjednostavnijim pojmovima objašnjena tablicom vodika. Naša svrha najelementarnije se može opisati kao "transformirajuća energija" od grubljih ka finijim vibracijama.

Zakon broja Sedam i Zakon Oktava u kozmologiji su učenja o uređenju stvaranja na različitim razinama – u makrokozmosu Univerzuma i mikrokozmosu Čovjeka.

Jedna od najvažnijih stvari koje treba razumjeti proučavajući Zraku Stvaranja jest da je priroda Apsoluta jedno – savršeno Dobro.

Zakon broja Tri, ponekad zvan i Zakon Trojstva, govori da u svakoj manifestaciji u Univerzumu moraju biti prisutne tri sile. One su. 1) Aktivna sila, 2) Pasivna sila, i 3) Neutralizirajuća sila. Aktivna i Pasivna sila suštinski poništavaju jedna drugu i ne stvaraju ništa. Treća, Neutralizirajuća sila nužna je da suprotnosti dovede u odnos iz kojeg se stvara "nešto."

Slika 1: Zakon broja Tri

Kozmologija Četvrtog Puta je prosvjetljujuća i širi svijest. Ona vam može dati sliku o veličini ovog učenja i perspektivu njegovog cilja, uključujući i ideološke šokove koji pomažu u stvaranju trenutaka više svijesti. Sustav govori da se Rad mora započeti proučavanjem kozmologije, i ono ima vrijednost iz gore spomenutih razloga. Međutim, doći ćete do toga da se sva kozmologija ne može verificirati, a rečeno vam je da ništa ne prihvaćate kao vjerovanje. Još važnije, koje god znanje iz toga primili, ono neće rezultirati osobnom transformacijom. Ni najoštroumnije znanje o kozmologiji ne može stvoriti trajnu transformaciju koja je sav cilj ovog ezoterijskog učenja.

Pokreti

Na Institutu u Francuskoj učenici su sudjelovali u učenju "sufijskog plesa" ili "pokreta". Ta fizička praksa bila je *uvježbavanje* pažnje, discipline, suradnje, preciznosti, ustrajnosti, i još toga, uključujući zanimaciju za učenike. Osim toga, plesovi su se izvodili u javnosti kako bi se prikupio novac za Institut. Oni su zaista neuobičajeni. Rečeno je da ti pokreti, ili plesovi, imaju ezoterijsko značenje. To može biti ili ne biti tako, ili može biti provjerljivo ili ne. U svakom slučaju, ni intelektualno znanje o kozmologiji Četvrtog Puta niti pokreti ne mogu donijeti transformaciju.

Unatoč tome, mnogo škola Četvrtog Puta insistira da se Pokreti moraju prakticirati kao dio sustava, a u svrhu *uravnoteženja*. To je ozbiljno pogrešna interpretacija ideje o "uravnoteženim centrima" ili "uravnoteženom Čovjeku" iz ovog učenja. Jedino što transformacija svijesti zahtijeva od fizičkog tijela jest moždana funkcija; dakle, bez obzira na njihovu relativnu vrijednost, Pokreti nisu nužni za transformaciju svijesti. Nicoll:

> "Nijedna količina pažnje koja se poklanja tijelu neće stvoriti transformaciju."

Rad

Psihološke vježbe i prakse Četvrtog Puta su "Rad" u sustavu. One su posebno osmišljene za provođenje u vašim svakodnevnim životnim iskustvima. Njihova je svrha znanje o sebi, autentični rast i postajanje svjesnim. To je transformacija na koju se poziva ezoterija, a smisao psihološkog Rada je njeno postizanje.

Svrha ideja i praksi Rada je da u vama izgrade nešto što će vas podići na višu razinu svijesti. Nicoll:

> "Znanje ovog Rada je takvo da može djelovati na Biće, a rezultat je rast razumijevanja."

Ovo se može dogoditi jedino upotrebom snage vaših osobnih napora u bavljenju Radom. Primjena ideja na sebi s iskrenošću i ustrajnošću jest napor – Rad. To znači baviti se Radom – biti Rad. Mnogi učenici misle i kažu da su "u Radu" samo zato što proučavaju sustav Četvrtog Puta. To nije to. Morate *obavljati* Rad da bi bili *u* Radu.

Razine svijesti

Premisa za tvrdnju da je riječ o razvojnom sustavu leži u razumijevanju ideje o različitim razinama u individui. Sve ideje Rada temelje se na razumijevanju postojanja različitih razina svijesti. Zato je moguće prelaziti s jedne razine na drugu. Nicoll:

> "Čovjek kakav jest služi svrhama prirode i ništa drugo nije nužno u odnosu na njegov život. Ali, on može sebe izložiti različitim utjecajima ako tako izabere. Može promijeniti svoju razinu svijesti i posljedično privući različite okolnosti, u skladu sa svojom razinom."

Ovaj sustav kaže da postoji sedam razina svijesti, sastojeći se od četiri stanja koja pripadaju trima različitim vrstama Čovjeka, koji postoje na različitim razinama.

Čovjek 1, 2 i 3 podjednako dijele prva dva stanja. Prvo Stanje je okrepljujući san, doslovni san sa snovima. Drugo Stanje zove se Budno Stanje u kojem hodate, govorite i djelujete mehanički. Radni naziv Drugog Stanja je San jer funkcionira automatski i bez svijesti.

Na toj razini svijesti postoji samo tama uspavanosti. Pomoć nije moguća jer viši utjecaji mogu dosegnuti samo do Trećeg Stanja svijesti. Tako kaže sustav, ali bi se preciznije moglo reći da uspavani Čovjek (broj 1, 2 i 3) ne može percipirati finije vibracije koje dolaze iz više svijesti zbog grube prirode svog Bića. Apsolut može dosegnuti dokle god želi, ali Čovjek je gluh.

Čovjek 4 je u Trećem Stanju Svijesti. On se počinje buditi kroz praksu Samopromatranja i Pamćenja Sebe. On u nekoj mjeri posjeduje samosvijest i pravo Ja. Čovjek 4 naziva se Uravnoteženi Čovjek, što je opći pojam za čovjeka koji funkcionira ispravno. Uravnoteženi Čovjek ima uređene centre (ili tijela) – funkcije njegove psihologije. On je u stanju ostati uspravan u središtu njišućeg klatna životnih događaja i okolnosti. Postizanje ovog stanja zahtijeva dugoročan, iskren, težak psihološki Rad. Stvarni *unutarnji* Rad. Ali, stvarni napori učinjeni s ispravnim motivima izazvat će stvarnu unutarnju promjenu. Razina Čovjeka 4 dostupna je utjecajima, inspiraciji i razumijevanju; svjetlost je prisutna i pomoć je moguća.

Čovjek 5, 6 i 7 žive u Četvrtom Stanju – Objektivnoj Svijesti. Ova tri nazivaju se "Svjesni Čovjek", Probuđeni Čovjek. Svjetlost je prisutna i pomoć je dostupna. Na toj razini čovjek vidi stvari kakve one uistinu jesu.

Svjesni Čovjek ima razumijevanje i perspektivu, hotimično razvijenu Svijest i Biće, aktivnu Stvarnu Svijest i Volju da čini. Svjesni Čovjek je autentičan i živi svoj smisao i svrhu u Božjoj volji. On je vođen božanskom inspiracijom, duhovnim smjernicama, objektivnom Istinom, stvarnom Savješću, objektivnom sviješću, i dobrom iznad svega. Svjesni Čovjek nesposoban je za nasilje.

Razine svijesti	Tri vrste čovjeka
Stanje	Čovjek
4. Objektivna Svijest; čovjek može vidjeti stvari kakve stvarno jesu. Posjeduje Stvarno Ja, Stvarnu Volju i Stvarnu Univerzalnu svijest.	7 6 5 } Svjesni čovjek - budan pomoć moguća
3. Samopromatranje Pamćenje Sebe Samosvijest	4 } Uravnotežen čovjek - Budi se Svjetlost Pomoć moguća
2. Čovjek 1, 2 i 3 žive isključivo u 1. i 2. stanju. Svi su podjednako mehanični i uspavani. "Budno stanje": tijelo je aktivno, hodajući i govoreći organizam koji reagira na podražaje 1. Doslovni san	3 2 1 } Mehanički čovjek - Uspavan Tama Pomoć nije moguća

Tablica 2: Razine svijesti

41

San

Razmotrimo jedan primjer mehaničkog Čovjeka, tj, uspavanog Čovjeka 1, 2 i 3, dakle svakog od nas. Uzmimo uobičajene okolnosti svakodnevnog života jednog običnog čovjeka. Recimo da je oženjen, ima psa i posao. Budi se ujutro na zvuk budilice i odmah poželi da može spavati duže. Rezignacija mu pravi društvo pri ustajanju. Tuširanje ga oživljava i on se sjeti da je danas petak. Lagan i sretan zbog vikenda, počinje zamišljati aktivnosti koje je planirao. Dok razmišlja o ugodnim događajima sapunica mu upada u oko i odjednom provali ljutnja. Možda psuje ili gunđa ili tako nešto. Izlazeći ispod tuša s nadraženim okom primjećuje da pas grebe i zavija pred vratima kupaonice. Razdražen se pita zašto supruga još nije pustila psa van. On to sad ne može učiniti. Pas će morati pričekati, kaže sebi s nestrpljenjem. Žuri da završi s pripremama, ispuštajući četkicu za zube i porezujući se po bradi, dok njegova frustracija raste. Njegov um se ponovo vraća na posebni događaj ovog vikenda, zamišljajući razgovore i scenarije u kojima je on u središtu pozornosti ili u kojima mu izražavaju poštovanje, laskaju mu i u kojima je, naravno, uvijek u pravu. Ili je zabrinut oko toga tko će biti tamo, kako će se odnositi prema njemu, hoće li ostaviti dobar dojam, hoće li im se svidjeti ili će ih zgroziti. Obučen, izlazi i vidi da je pas otišao, i opet je razdražen jer je nepotrebno žurio i posjekao se pri brijanju. Privukao ga je miris kave i prvi gutljaj ispunja ga valom užitka. Dolazi njegova supruga, izmjenjuju tople pozdrave. Primjećuje da je vrijeme lijepo, a ona pušta psa unutra. Pas skoči i vrela kava pljusnu preko ruba šalice, opekavši mu ruku i uprljavši košulju. On viče na psa i eksplodira od bijesa radi košulje. Išulja se iz sobe. Promijeniti košulju znači promijeniti i kravatu, i sada mu to jedva uspijeva s opečenim prstima, porezanom bradom i nadraženim okom. Kune se da će psa odvesti u školu poslušnosti. On ga nikada nije ni htio, bila je to njena ideja. Ona može odvesti psa u školu. Sada već kasni, preskače doručak, užurbano pozdravlja suprugu i odlazi na posao. Promet je rijedak, sluša omiljenu glazbu koja ga podsjeća na prošla sentimentalna vremena. Odjednom se sjeti da je dokumente odložio pored kreveta umjesto u aktovku. Okreće volan i glasno psuje. Mora se vratiti kući i sad je sigurno da će zakasniti. Zabrinut je, krivi psa, suprugu, šampon, svoj život.

Ovaj čovjek, kao i svi, vjeruje da je potpuno budan, da postupa po vlastitoj volji i da je potpuno svjestan sebe i onoga što čini. Rad kaže da je čovjek koji funkcionira na ovoj razini organizam koji reagira na podražaje, zarobljen u svojim mehaničkim odgovorima. On funkcionira bez budnosti ili hotimičnosti i *on je slijep za tu činjenicu,* nesvjestan svog stanja.

To je San (Budno, Drugo Stanje). Svatko funkcionira na ovaj način, automatski, stvarajući kaos, patnju i nasilje u svijetu. Ideja da svatko spava je šok koji može pomoći da promijenite vaše razmišljanje. Međutim, svijest da vi sami Spavate je šok buđenja. Tu svijest možete steći jedino osobnom Verifikacijom.

Buđenje

Ideja buđenja iz Sna znači rasti u svijesti i biti sposoban postupati hotimično umjesto samo reagirati mehanički. Glavna prepreka buđenju iz tog stanja je to što svaka osoba vjeruje da već posjeduje punu svijest i samosvijest, pa joj buđenje ne treba, ne traži ga, nije zainteresirana. Svaka osoba vjeruje da djeluje sa spoznajom i da posjeduje volju da čini što god izabere činiti.

Rad nam govori da je to iluzija, i da je iluzija kako smo već potpuno svjesni dio stanja uspavanosti. Molim vas, primijetite da Rad ne govori kako je vaš život iluzija (što bi vas moglo izludjeti). Govori vam da je vaš subjektivni pogled na život iluzija.

Ljudi ne djeluju. Oni reagiraju. Od početka svog života svaka osoba reagira na okolnosti u kojima se nalazi, i to je jedini način koji može biti. Ali je mehanički, automatski organizam koji reagira na podražaje, što znači svatko od nas, također stvoren i kao samorazvijajući organizam. Možemo evolvirati u svijesti pomoću osobitih hotimičnih napora.

Suština, Pravo Ja, Biće

Rođeni ste s jedinstvenim sebstvom koje posjeduje nekoliko unutarnjih kvaliteta koje se mogu opaziti. Kao dijete, primarno ste bili aktivni ili pasivni, imali ste pozitivno ili negativno određenje kao predominantno. Ima i drugih svojstvenih atributa prisutnih od rođenja koji su suptilniji, ali poanta je u tome da ste rođeni s već postojećim, potpuno jedinstvenim sebstvom. U Radu se ono naziva Suština. Ona sadrži vaš razlog bivanja.

Kod djeteta je suština donekle u čistom stanju. Ona ima jedinstvene značajke i određenja, ali je pod utjecajem iskustava u vašem okružju, a vaša se osobnost stvara oko nje. Osobnost se stječe kako bi vam omogućila interakciju sa životom i preživljavanje, jer je samoočuvanje primarna zapovijed. U ljudskom razvoju ta se zapovijed prevodi u stjecanje moći nad vašim okružjem kako bi pogodovalo vašim potrebama i vi mogli preživjeti, što je u konačnici prvi preduvjet nužan za svaku drugu mogućnost.

Dakle, Suština je dublji i autentičniji dio vas, ali je prekrivena osobnošću koja uopće ne mora izražavati vašu suštinu. Zapamtite da se osobnost oblikovala oko suštine pomoću vaših subjektivnih životnih iskustava i događaja nad kojima niste imali kontrolu. Suština se u životu može razviti samo do određene točke, nakon koje mora prevladati osobnost. Suština ostaje nerazvijena i bespomoćna sve dok se hotimično ne razvije kroz Rad. Namjera u Radu jest razviti Suštinu dok ona ne razvije moć da upravlja vašom osobnošću. Taj proces se odvija oko činjenja Stečene Osobnosti pasivnom, tako da suština može postati aktivnom. Ako je proces uspješan i suština se razvije, pojavljuje se Pravo Ja.

Pravo Ja je Majstor. Svatko posjeduje Pravo Ja koje će manifestirati razvijenu Suštinu u Istinskoj Osobnosti, ali i ono se mora postupno postići Radom. Pravo Ja unutar vas postoji na razini Pamćenja Sebe, Trećeg Stanja svijesti. Rad podučava vježbe i prakse koje pomažu Pravom Ja da se ostvari. Praksa Samopromatranja informira i osvjetljava Pravo Ja, i nosi njegov okus, jer oni su povezani na istoj razini svijesti.

Osobnost je najpovršniji dio vas. Iza Stečene Osobnosti je Suština, a iza Suštine leži Pravo Ja. Psihološki govoreći, Suština je unutar osobnosti, a Pravo Ja je unutar Suštine. Pravo Ja je vaše najviše sebstvo. Ono je istina vašeg Bića.

Ono što Rad naziva vašim Bićem je, grubo rečeno, priroda vašeg karaktera. Svatko posjeduje Biće do ovog ili onog stupnja. Biće postoji u razmjeru koji je na različitim razinama i može se razviti. Primjerice, Biće uglednog čovjeka je više ili je iznad Bića kriminalca. Na samom početku Rada od vas se traži da radite na dva područja sebe – na Znanju i na Biću.

To se traži jer ovo osobito ezoterijsko znanje primijenjeno na vaše Biće stvara razumijevanje, a Rad kaže da je razumijevanje najmoćnija snaga koju možete razviti. Razvoj svijesti nedjeljiv je od razvoja Bića. Oni idu ruku pod ruku.

Jedan od elemenata u razmjeru Bića je da su različite razine nepovezane jedna s drugom, poput telefonskih žica između stupova. Doživljaji s kojima se susrećete na jednoj razini Bića ne moraju postojati na drugoj razini, koja ima vlastite, različite doživljaje.

Nicoll:

"Razina Bića čeka na vas upravo iznad vaše trenutne linije, ona je vaša evolucija, vaš unutarnji razvoj, nevezan s vašom trenutnom razinom, baš kao što jedna prečka ljestvi nije vezana s drugom. Morate skočiti."

45

Četiri tijela Čovjeka

Puteno	Prirodno	Duhovno	Božansko	— Kršćanska terminologija
Fizičko Tijelo	Emocionalno Tijelo	intelektualno Tijelo	Božansko Tijelo	*UNUTARNJI*
Senzacije	Osjećaji i želje	Um i misli	Svjesna volja	
1. Tijelo	2. Tijelo	3. Tijelo	4. Tijelo	— Terminologija Rada

VANJSKI

Nerazvijeni čovjek

Fizičko Tijelo	Želje	Misli	Različite kontradiktorne volje prouzročene željama
Djeluje na temelju vanjskih utisaka	Nastale mehaničkim reakcijama na vanjski život	Proistekle iz želja	

UNUTARNJI

Čovjek - stroj upravljan vanjskim životom

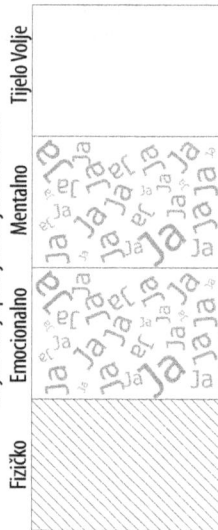

Fizičko	Emocionalno	Mentalno	Tijelo Volje
	Ja Ja Ja Ja ...		

VANJSKI

Čovjek - stroj upravljan vanjskim životom

Razvijeni čovjek

1. Tijelo	2. Tijelo	3. Tijelo	4. Tijelo
Tijelo se pokorava i postupa prema svjesnim emocijama	Emocionalna snaga i želje pokoravaju se usmjereni m mislima	Misaone funkcije pokoravaju se svijesti i volji	Gospodar Stvarno Ja Individualnost Svijest Volja

UNUTARNJI

1.   2.   3.   4.

Svjesni čovjek vođen sviješću i voljom

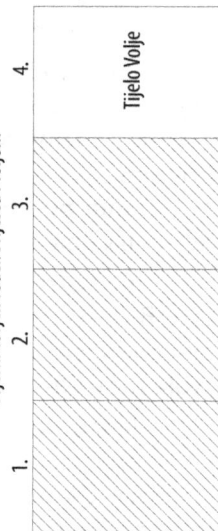

			Tijelo Volje

VANJSKI

Ustrojena tijela podčinjena volji

Stečena (lažna) osobnost

Kako je rečeno, Suština komunicira sa životom, a osobnost je oblikovana prema njenim beskrajnim svojstvenim činiocima. Osobnost se oblikuje oko Suštine u svrhu interakcije sa životom i to je apsolutno nužno. Ona se oblikuje po zakonima koji se primjenjuju na svakome. Drugim riječima, njeno uobličenje je određeno.

Rad ovo uobličenje osobnosti naziva prvom edukacijom. U ovom sustavu to se odnosi na Lažnu Osobnost koja je uistinu lažna. Mislim da je pojam Stečena Osobnost nešto jasniji i precizniji, manje grub.

Osobnost se općenito može opisati kao zbirka navika. Navika mišljenja – razmišljanja o istim stvarima na isti način; navika osjećanja – ponavljajuće emocije, opetovana emocionalna stanja; navika govorenja – ponavljanja istih priča, istih fraza, istih riječi. Vi imate navike stavova i mišljenja. Imate navike fizičkog tijela – položaje, izraze lica, napetosti, pokrete, govor tijela; navike Bića i uobičajene načine odgovaranja na životne događaje. Sve ove navike stekli ste oponašanjem, opiranjem, od obitelji i pod kulturnim i društvenim utjecajima. Odnosno, životnim utjecajima u kojima niste imali izbora, te stoga te navike niste Vi. Vi niste vaša osobnost.

Vaša osobnost stvara vaš život u skladu sa svojim jedinstvenim oblikom ili formulacijom, automatski. Vi imate stav o nečemu, mišljenje o drugoj stvari, imate osjećaje i misli, i te stvari sačinjavaju vaše iskustvo. Ipak, sve ove navike koje čine vašu osobnost ne izražavaju vašu Suštinu ili vaše Pravo Ja. Ponekad to možete iskusiti kao osjećaj da ste prevarant ili nepoznati sami sebi.

Suština se, kao i Pravo Ja, mora hotimično razvijati. Ova dva aspekta ne evoluiraju mehanički. Oni evoluiraju samo kroz osobne napore pažnje i hotimičnosti koji se podučavaju u ezoteriji, u Radu.

Jedno od primarnih učenja o osobnosti jest da ona ima iluziju jedinstva. Uspenski:

"Iluzija jedinstva ili jednosti stvorena je u Čovjeku najprije senzacijom jednog fizičkog tijela, njegovim imenom ... i treće, brojem mehaničkih navika koje su u njega ucijepljene odgojem ili su stečene oponašanjem. Imajući uvijek iste fizičke senzacije, slušajući uvijek isto ime i primjećujući u sebi iste

47

navike i sklonosti koje je imao i prije, on vjeruje da je uvijek isti."

Rad uči da je Čovjek zapravo neorganizirano mnoštvo nestalnih 'Ja'. Svaka misao, osjećaj, senzacija, sviđanje ili nesviđanje, jest jedno 'Ja'. Nepovezani, kontradiktorni, pa čak i suprotstavljeni 'Ja' u vama govore 'Ja' kao da svaki govori za cijelog vas. Ovo se zove Doktrina o 'Ja', i premda ispočetka može zvučati neshvatljivo, lako je provjerljiva i ključna za vaš razvoj. Možete promatrati unutar sebe pokretni kotač raznih 'Ja', sa svakom mišlju ili emocijom, željom ili senzacijom. Čovjek je množina, a ne jednina. Ne postoji jedno kontrolirajuće 'Ja' ili jedna volja. Svako 'Ja' ima svoju malu privremenu volju koje nestane kad dominaciju preuzme sljedeće 'Ja'.

Prepoznavanje vašeg Mnoštva označava ključnu etapu u procesu Rada. Uviđanje nedostatka identiteta stvara osjećaj nestabilnosti i može izazvati neku vrstu psihološke vrtoglavice koja je zastrašujuća. Ironično, pomoću tog Mnoštva vi možete pronaći priliku za hotimičnu promjenu i stvarnu stabilnost.

Rad vas uči kako prepoznati, izabrati i njegovati one 'Ja' u vama koji pripadaju višoj svijesti ili Pravom Ja, i kako postati nevezan za one 'Ja' koji su štetni ili ne izražavaju vaše Pravo Ja. Na taj način Rad u vašoj psihologiji djeluje na osobnost.

Ali Čovjek obično uzima sebe kao jedno 'Ja' i u svom umu ima sliku o sebi *kao* svojoj osobnosti. To je njegovo zamišljeno 'Ja'. To je plašt prebačen preko svakog 'Ja'.

U Radu postoji još jedno vrlo značajno učenje o osobnosti koje bih željela posebno razjasniti. Postoji razina razvoja osobnosti zvana Dobri Domaćin. Taj pojam označava osobu koja obavlja svoje životne dužnosti, živi odgovorno prema sebi i svijetu, bez kriminala ili perverzija. Samo osoba koja je postigla stupanj zvan Dobri Domaćin spremna je za Rad. Ako ne možete časno živjeti uobičajeni život, nema šanse da uspijete u neuobičajenom Radu.

Nicoll:

"Rekapitulirajmo opet učenje o Biću. Prvo, čovjek mora biti u životu, sudjelovati u njemu i postići odgovarajući položaj u životu i znanje o životu, i tako biti Dobri Domaćin koji je sposoban nositi se s uobičajenim teškoćama i problemima ljudskog postojanja – odnosno, Rad nije za ljude koji gledaju kako izbjeći obične životne terete. On je za normalne, časne ljude i počinje s tom razinom Bića. Vrlo je važno da svatko ovo razumije."

Psihologija moguće evolucije

Razvoj ili evolucija moguća za osobu na ovoj Zemlji tijekom njena života jest psihološka. Sjetite se da je Čovjek stvoren kao samo-evolvirajuće biće sposobno za samostvorenu psihološku promjenu – razvoj. Ovaj Rad, koji počinje znanjem o sebi, naziva se samo-evolucijom jer mogućnost evolucije postoji jedino kroz iskrene napore koje ste hotimično sami poduzeli. Evolucija se događa u i kroz energiju napora Rada. Svaka osoba mora napraviti svoje vlastite napore kako bi evolvirala. Samo osobni unutarnji napor Rada stvara snagu za evoluciju. Ovaj proces Rada odvest će vas od sebičnog interesa prema samotranscendentnoj psihologiji. Buđenje iz uspavane mehaničke psihologije ka hotimičnoj, svjesnoj psihologiji vaša je sudbina. To je ono zbog čega je svatko od nas ovdje. Činjenica da ovo Učenje postoji čvrst je dokaz Božje bezuvjetne Ljubavi koja seže dolje do nas, čak i u našoj beznačajnosti; Njegova vrlo osobna Ljubav za svakog od nas, individualna i podjednaka.

3. Predavanje

Terminologija Rada

1. SAN

Rad govori da svako ljudsko biće hoda uokolo u svakodnevnom životu u tako subjektivnom stanju uma, na tako niskoj razini svijesti, da se može usporediti sa stanjem nesvijesti, intenzivno nestvarnim poput stanja stvarnog sna. Ovo stanje Sna odnosi se na cijelo čovječanstvo i na svaku osobu. Rad podučava sustav Buđenja iz Sna.

Ovo stanje Sna, koje se odnosi na psihološke uvjete svake osobe, naziva se i Drugim ili Budnim Stanjem. U tom automatski funkcionirajućem modusu vi sudjelujete u svijetu, u svome životu, reagirajući na sve u skladu s oblikom vaše psihologije. Vjerujete da vi *jeste* osobnost i da su vaša subjektivna mišljenja, stavovi i vjerovanja ispravni i istiniti. Stoga ulažete sebe, dajete svoj identitet svakoj reakciji koju imate, ostajući nesvjesni toga da mehanički odgovarate na podražaje.

2. RAZINE SVIJESTI

Rad uči da postoje različite razine Svijesti, počevši od stanja doslovnog fizičkog sna koje se naziva Prvim Stanjem, preko Budnog Stanja življenja svakodnevnog života, koje se u Radu naziva San ili Drugo Stanje, pa sve do potpuno razvijene svijesti čija je značajka trajno jedinstvo.

Kaže se da svatko živi svoj život u Prvom i Drugom Stanju, ali i da su druge razine također dostupne. U konačnici se sve svodi na izbor na kojoj razini želite živjeti i izraziti se – kojim ste se utjecajima izabrali izložiti.

Potpuno razvijenu svijest u osobi, što znači psihološki evolviranu, karakteriziraju Jedinstvo i Čistoća u njenom Biću. Biće izražava svoju jedinstvenost pročišćeno, živeći u trajnom stanju duhovnog razvoja, skromno i samotranscendentno, i prijemčivo za božanske utjecaje.

Rad je metodologija za podizanje razine svijesti, hotimično. Zato je nazvan samo-evolucija.

3. MOGUĆA PSIHOLOŠKA EVOLUCIJA

Rad ustrajava na tome da osoba može hotimično podići razinu Svijesti kroz ideje, prakse i vježbe sadržane u psiho-transformacijskom učenju Četvrtog Puta.

Budući da postoje različite razine svijesti, moguć je i prelazak s jedne razine na drugu. Moguć je razvoj. Razvoj znači evoluciju.

Ovaj razvoj ne odvija se automatski ili mehanički u životu. On od individue zahtijeva hotimične i posebne napore. Razvoj se očituje kao trajna promjena ka novoj razini Bića, novoj kvaliteti karaktera, novoj dubini razumijevanja, novoj emocionalnoj perspektivi.

Naziva se samo-evolucija jer se razvoj gradi na vlastitim iskrenim naporima. Trebate znati što činite u Radu i koji vam je cilj. Onda možete obavljati Rad voljno, što je od suštinskog značaja, svjesni i posvećeni svome cilju. Prema tome, vaši Radni napori izgradit će nešto novo u vama. Stvarna promjena je moguća. Zapamtite da je smjer evolucije prema gore.

Sustav uči da svako ljudsko biće dolazi na svijet s osobitom vrstom suštinske prirode koja je jedinstvena svakoj individui. Suštinska priroda sudjeluje u svome okružju, a osobnost je produkt podložan mnogim varijablama. Rezultat – Stečena Osobnost – u Radu se naziva prvom edukacijom. To je nužni razvoj sa svrhom stvaranja načina za odgovornu interakciju sa životom. To je druga razina Svijesti, i ne znači kraj potencijalnog razvoja, ali je najdalje dokle će većina stići.

Rad se ponekad naziva drugom edukacijom. On se može učvrstiti jedino u osobi koja ima razvijenu Stečenu Osobnost. To se zove Dobri Domaćin, što jednostavno znači biti odgovorna osoba u svom životu, prema sebi i prema svijetu. Takva osoba može se koristiti Radom, drugom edukacijom, kako bi rekonstruirala autentično Biće, vjerno svojoj suštinskoj prirodi. Možete izgraditi psihološku strukturu koja će vas uzdići iznad mehaničke, reaktivne razine Svijesti. Izgradnja ove strukture kroz osobne napore u bavljenju Radom odvest će vas do nove razine Svijesti i rasta Bića, što je psihološka evolucija moguća za ljudsku vrstu.

4. BUĐENJE

Buđenje znači povišenje razine svijesti od automatske, reaktivno-mehaničke do one više razine svjesnosti koja je moguća unutar vas. Znači promjenu od osobe motivirane sebičnim interesom ka samotranscendentnoj svjesnoj osobi s evolviranom razinom Bića. Znači stvarnu promjenu u prirodi ljudskog bića. To se ne "događa" samo tako. Svaka osoba mora stvoriti tu promjenu kroz osobite prakse Rada i ustrajne napore tijekom dugog vremenskog razdoblja.

5. PRAVO JA

Samosviješću se budi Pravo Ja. To je *onaj* kojeg se sjećate u činu punog Pamćenja Sebe. Svatko unutar sebe posjeduje Pravo Ja. Ono je istina vašeg Bića, ali ostaje neaktivno i nemoćno iza Stečene Osobnosti. Tijekom procesa Rada, kad eliminirate Pogrešni Rad u Stečenoj Osobnosti, raste prisutnost Pravog Ja. Samopromatranje stoji pred Pravim Ja i informira ga tijekom razvoja. Rast Pravog Ja izravno je povezano i s pojavom Zakopane Svijesti. Samopromatranje informira Pravo Ja, Savjest ga oblikuje, a Istinska Osobnost izražava.

6. ISTINSKA OSOBNOST

Pravo Ja izraženo je Istinskom Osobnošću koja je vaše pročišćeno Stvarno Sebstvo. Istinska Osobnost je autentična, ugodna, fleksibilna i bavi se Vanjskom Konsideracijom. Istinska Osobnost iskazuje poniznost. Vaše osobno žrtvovanje mehaničkog sebičnog interesa stvara prostor gdje se Svijest i Biće mogu transformirati i otkriti istinsku Osobnost.

7. SAVJEST

Rad kaže da postoje dvije vrste Savjesti – Stečena Savjest i Prava Savjest. Stečena Savjest različita je u raznim kulturama, prostorima i vremenima, i u individuama. Činjenica da se mijenja znači da nije objektivna, niti je izraz Jedinstvene Savjesti. Ono što se u jednoj kulturi ili eri čini razlogom za ponos, u drugoj može biti uzrok srama. Nicoll:

> "Stečena Savjest temelji se na samoljublju, a samoljublje se temelji na strahu."

Svatko posjeduje Pravu Savjest, ali ona je zakopana i slaba i jedva čujna. Prava Savjest u svakome je ista i oni koji su je razvili razumiju jedni druge jer razumiju iste stvari kroz prosvjetljenje Savjesti. Nicoll:

> "Rast svijesti i rast Savjesti nužno moraju ići ruku pod ruku."

Rad uči da Prava Savjest nema dovoljno snage za akciju. Proces pročišćenja Emocionalnog Centra, što je osnovni posao u Radu, otkriva viši stupanj Savjesti. Vaša Savjest raste u Radu kroz Razumijevanje i učinke pročišćenja. Ona se razvija u skladu sa Sviješću i razinom Bića. Savjest je povezana s duhovnim usmjerenjem, ona prepoznaje Istinu i Dobro i pomaže oblikovati Pravo Ja. Ona je aktivna pri rasuđivanju i biranju samotranscendencije.

8. BIĆE

Grubo govoreći, Biće je kvaliteta vašeg karaktera. Vaša razina Bića izraz je prirode vaše psihologije. Biće je mehaničko i u različitim stupnjevima prisutno u svakoj osobi. Ono se može razviti, i zapravo se mora razviti u Radu zajedno sa Sviješću, inače proces neće imati ispravan rezultat. Ne možete imati višu razinu Svijesti koja je pročišćena od negativnosti i sebičnosti, a istodobno održavati razinu djelovanja u svijetu koja ne izražava promjenu u Biću. Priroda vašeg karaktera – Biće – mora biti transformirana u skladu s višom razinom, ili Svijest ostaje teoretska, bez moći i snage. U Radu, Biće *jest* Dobro.

9. PODIJELJENA PAŽNJA

Da bi prakticirali najvažniju vježbu u Radu, Samopromatranje, prvo morate naučiti podijeliti pažnju, ili prije da *možete* podijeliti pažnju. Ideja o gledanju stabla i gledanja sebe kako gledamo stablo samo je dio jednadžbe. Morate uvidjeti da je vaša pažnja stalno zaokupljena, krećući se s jednog događaja na drugi. Bili vi aktivni u svijetu ili ne, vaša pažnja je zaokupljena stalnim tijekom reakcija na život. Vaše misli, osjećaji, riječi, akcije, stavovi, mišljenja, sviđanja i nesviđanja, raspoloženja ili stanja uvijek usmjeravaju svu vašu pažnju u jednom pravcu – projekciji svih ovih stvari u vaš život. To projiciranje ima energiju, a ona sva teče prema van, poput 24-satne radio-stanice koja emitira stalnu buku.

Kada podijeljenu pažnju koristite za prakticiranje Samopromatranja, možete stvoriti unutarnju promatračnicu s koje možete vidjeti svu tu "buku". Možete promatrati i svoje akcije u životu i pozadinske osjećaje i motive. Podjela Pažnje na ovaj način zahtijeva Svjesni napor. Morate napraviti Svjesni napor i koristiti hotimičnost u Podjeli Pažnje kako bi stvorili promatračnicu za Promatračko Ja. Puko učenje vježbe Podjele Pažnje ne vodi nikamo sve dok tu podjelu ne koristite za Samopromatranje, dijeleći sebe na promatrajuću i promatranu stranu.

10. SAMOPROMATRANJE

Praksa Samopromatranja je najosnovnija vježba u Radu. Ne možete poznavati sebe ukoliko se ne promatrate. Znanje o sebi u smislu Rada suštinsko je za promjenu i razvoj.

Jednom kada budete mogli podijeliti svoju pažnju tako da dobijete novu promatračnicu uz vašu uobičajenu svijest, i kada s te nove psihološke pozicije možete vidjeti sebstvo kako djeluje u svijetu, kao i svoje psihološke okolnosti, to znači da ste počeli. To je nešto poput učenja da istodobno gladite glavu i trljate trbuščić, psihološki govoreći. Zahtijeva pažnju, praksu i usklađivanje.

Promatranje vršite s nove promatračnice koju morate napraviti unutar sebe, s koje možete vidjeti svo vaše ponašanje i psihologiju koja ga stvara. Nicoll:

> "... Najprije morate pokušati vidjeti sve unutar sebe u datom trenutku. Emocionalno stanje, misli, senzacije, namjere, držanje tijela, pokrete, ton glasa, izraze lica, itd."

Ta promatračnica ili nova perspektiva zove se Promatračko Ja. Ono je usmjereno na vašu psihologiju i unosi svjetlo Budnosti u psihološku mehaniku koja je funkcionirala u mraku.

Prakticiranje Samopromatranja tijekom vremena mora biti sve rafiniranije. Još važnije, morate naučiti kako ga prakticirati, a da ne postanete negativni oko onoga što promatrate u sebi. To ne znači ne raspoznavati što je dobro, a što loše. To znači ne uplesti se u emocionalnu reakciju na ono što promatrate. Ako to učinite, izgubili ste perspektivu i zapeli u emocionalnom stanju koje će omesti vaš napredak i sposobnost jasnog viđenja.

Iskrenost, sposobnost da se bude pošten prema sebi i usredotočenost nužni su za ispravno prakticiranje Samopromatranja. Da bi promijenili ono što je loše morate biti u stanju to vidjeti, i to morate unaprijed prihvatiti. Ako ostanete neprosvijetljeni oko nečega unutar vas što vas sprječava u razvoju, opet ste zapeli i ne možete se promijeniti. Dakle, morate biti voljni promatrati sve što je u vama. Samopromatranje morate prakticirati često, marljivo, ustrajno, iskreno i nekritički.

11. VERIFIKACIJA

Jedno od prvih načela Rada jest "sve provjeri za sebe". Trebate imati otvoreni um kako bi shvatili ideje Rada, ali od vas se ne traži da prihvatite bilo što što ne možete verificirati. To, naravno, znači da morate OBAVLJATI Rad. Rezultat će vam dati Verifikaciju. Verifikacija je iskustveno razumijevanje koje živi u vašoj Radnoj memoriji i daje joj smisao.

12. PAMĆENJE SEBE

Od svih praksi Rada, Pamćenje Sebe najčešće se pogrešno razumije i
prakticira. Jedan od razloga je što Pamćenje Sebe ima mnogo stup-
njeva i oblika. Davanje sebi Prvog Svjesnog Šoka jest oblik Pamće-
nja Sebe, kao što je to i pamćenje ideja Rada i pamćenje svog Cilja.
Prakse Samopromatranja i bivanja prisutnim također su niži oblici
prakticiranja Pamćenja Sebe, jer one dovode Rad do točke primanja
utisaka i nose okus Pravog Ja.

Pamćenje Sebe jest poduzimanje napora da se prisjetimo što
je naše suštinsko Biće, naše Pravo Ja, unutar konteksta Razmjera i
Relativnosti. To je paradoksalno iskustvo jer osjećate svoju ništav-
nost i svoju jedinstvenost, a također se osjećate povezanima sa cije-
lim Stvaranjem, kao integralni dio svega što jest. U potpunom stanju
Pamćenja Sebe, Pravo Ja je onaj "tko" je prisutan.

Vi možete dosegnuti to više stanje svijesti Pamćenja Sebe, i
ponekad dodirnuti ono za čime ste posegnuli, ali samo na trenutak.
Tako možete saznati i verificirati da više stanje unutar vas postoji.
Svojim osobnim Radom možete razviti sposobnost da se sjetite sebe
u punom smislu i postanete Pravo Ja.

13. NEGATIVNE EMOCIJE

Jedno od najširih područja proučavanja u Radu jest priroda i aktiv-
nost Negativnih Emocija. Puno je dobrih razloga za započinjanje
prakse Samopromatranja opservacijom Negativnih Emocija. One
imaju snažnu, prepoznatljivu energiju i kvalitetu, one su dominant-
ne, povlače vas okolo i rasipaju vašu energiju, ometaju svjesni razvoj
sidreći vas na najnižoj razini svijesti. One i lažu.

Sljedeći dobar razlog za započinjanje opservacijom Negativ-
nih Emocija je taj što Rad od vas već na početku traži da prestanete
izražavati sve svoje Negativne Emocije. Čineći tako, naučit ćete
mnogo dubokih istina o sebi. Prvo ćete morati primijetiti svoje Ne-
gativne Emocije, nakon što naučite što promatrati. Otkrit ćete da je
to vrlo lako. Bit ćete šokirani uvidjevši koliko puno Negativnih
Emocija nosite u sebi, kako one dominiraju vašim životom i zagađu-

ju ga. Zatim ćete otkriti, na svoj užas, da se tek jedva i samo ponekad možete suzdržati da ih ne izrazite. Vidjet ćete kako se Negativne Emocije pojavljuju protiv vaše volje i namjere, kako vas brzo pometu i kako opravdavate njihovo postojanje. To je velika unutarnja borba, i trebat će puno vremena i razvoja prije nego što ih uspijete transcendirati umjesto da ih samo pokušavate potisnuti.

Ovo su neke od Negativnih Emocija koje Rad traži da ih promatrate: zlovolja, kriticizam, samosažaljenje, nestrpljenje, zlonamjernost, osvetoljubivost, frustracija, prigovaranje, osjećaj ugroženosti, razdražljivost, zavist, žalost, uznemirenost, dosada, depresija, bijes, samozadovoljnost, indignacija, beznađe, sram, nervoza, melankolija, nesigurnost, zbunjenost, nezadovoljstvo, i još mnoge.

Svaka od njih se tijekom promatranja istražuje. One se proučavaju, radi se protiv njih i eliminira ih se. Primjerice, ako uvidite da ste zlovoljni, istražite zašto. Ako je odgovor "zato što me – *nešto* – čini zlovoljnim", onda promatrate u pogrešnom smjeru. Izvor negativnosti nije izvan vas. Vaše Negativne Emocije su UVIJEK vaša vlastita odgovornost. U stvarnosti vas vanjske okolnosti ne mogu UČINITI negativnima. Uvijek postoji drukčiji način. Rastom u Radu postajete sposobni izabrati da ne budete negativni. Promatranjem ćete uvidjeti da ste Negativni zato što okolnosti ne odgovaraju vašim prohtjevima. U Radu ćete naučiti kako se riješiti svojih prohtjeva, a ne kako stvoriti okolnosti koje će im udovoljiti. Radeći protiv Negativnih Emocija naučit ćete prihvatiti da niste zadovoljni. To stanje prihvaćanja rješava vas vezanosti za nezadovoljstvo zbog neispunjenja prohtjeva. Većina Negativnih Emocija proizlaze iz nezadovoljstva. Proučavajući ih, otkrit ćete da je nezadovoljstvo produkt imanja prohtjeva koji nisu ispunjeni. Vidjet ćete da se iza vaših prohtjeva krije skup sebičnih interesa i pogrešnih pretpostavki.

Rad će vam reći da promatrate svoje Negativne Emocije i identificirate ih. Potom morate zaći iza njih kako bi u vašoj psihologiji otkrili mjesto odakle potječu. Ove dvije stvari možete napraviti jedino putem prakse Samopromatranja. Kroz tu praksu uvidjet ćete da, primjerice, emocije sumnjičavosti, ljubomore i nesigurnosti nastaju iz straha. Iako su emocije vrlo stvarne i potrebe se čine vrlo jakima, sve su one nastale iz sebičnog interesa ... vi želite, vi trebate, vi osjećate, vi ne želite, itd.

Rad vas uči da transcendirate sebični interes; posljedično, Negativne Emocije nemaju izvora i prestaju postojati. Oslobađanje od Negativnih Emocija je proces pročišćenja nužan za razvoj prema Višoj Svijesti kroz Rad. Negativnost koristi i rasipa vašu ograničenu energiju i pažnju, i ometa vaš put. Dok ste u negativnom stanju praktički ste odsječeni od viših emocija, psihološkog prostora za kojim težite. Negativne Emocije su najniža razina Svijesti u akciji, najmehaničkija razina. Da bi stekli Svijest ili podigli razinu Bića morate biti pročišćeni od Negativnih Emocija.

14. MEHANIČNOST

Prema Radu, sve što se događa na Zemlji odvija se mehanički, diktirano od strane *kozmičkih zakona* koji se ne mogu verificirati. Međutim, mehaničnost se lako može verificirati i može se Raditi s njom.

Negativne Emocije su najmehaničkija razina funkcioniranja u ljudskom biću, a to se može verificirati njihovim promatranjem. Negativnost je vrlo lako promatrati. Dovoljno je vidjeti kako neki događaj čini da zauzvrat osjećate negativne emocije, opetovano (primjerice, vožnja auto-putom uvijek vas čini tjeskobnima), kako bi verificirali da su Negativne Emocije i stanja mehaničke reakcije. Primijetit ćete da postajete ljuti ako osjetite da se prema vama ne postupa dovoljno dobro i da vas se ogovara, ili ćete čuti sebe kako lažete ili se pretvarate, ili prigovarate, preuveličavate, kritizirate ili klevetate, itd. Primijetit ćete kako uvođenje negativne teme u razgovor, o lošem vremenu, zdravlju, djeci, šefovima, liječnicima, itd. – stvara energiju i kako se svatko pridružuje opisivanjem svojih iskustava, trenutno stvarajući divlji oganj negativne energije. Ta opservacija potvrđuje da su Negativne Emocije zarazne.

Svatko funkcionira prema vlastitom programu. Svatko traži zadovoljstvo, pažnju, uvažavanje i prihvaćanje. Svatko postaje negativan kad trpi, kad ne može dobiti što želi. I sve je to mehanički, tj. pripada najnižoj razini svijesti, reagiranju na podražaje bez svijesti. Sve emocije u Stečenoj Osobnosti su mehaničke reakcije. To se odnosi na sve ljude, kao i na cjelokupno čovječanstvo.

15. STEČENA OSOBNOST

U četvrtom Putu se konvencionalno koristi pojam Lažna Osobnost. Nema neslaganja oko točnosti pojma "lažna", ako ne uključuje op- tužbu. Međutim, pojam STEČENA Osobnost je puno precizniji i informativniji, bez implikacije optužbe. U svakom slučaju, Stečena Osobnost je neupitno lažna.

Rad uči da je svaka osoba rođena u ovaj svijet s unutarnjom prirodom i jedinstvenim bićem, a isto tako i sa svrhom. To se naziva Suština, to je u stvari "tko" vašeg Bića. No, budući da ste kao dijete također i prazna ploča, takoreći, vaše iskustvo najvećim dijelom oblikuje vašu Osobnost. Kako vaša Suština dolazi u interakciju s is- kustvima postojanja, tako se priroda vaše osobnosti postupno stječe i oblikuje. To je nužno za normalni razvoj. Ali, to je ograničena razi- na razvoja. Potencijalna razina višeg Sebstva je dostupna. Rad vas uči kako razviti potencijalno više Sebstvo.

U ustroju Stečene Osobnosti stavovi i uobičajeni obrasci osje- ćanja, mišljenja i djelovanja stvoreni su oponašanjem i utjecajima iz okruženja. Ova vrsta ustroja osobnosti je automatska i zajednička svima, pa ipak kod svakoga jedinstvena. Ona nije stvorena s namje- rom ili s vašim pristankom. Vaša Stečena Osobnost prije je rezultat svega što vam je učinjeno tijekom njenog formiranja. Na svakoj je odrasloj individui da izabere put samorazvoja, da stekne Svijest i autentičnost, integritet i samotranscendenciju, i izrazi svoje Pravo Ja u istinskoj Osobnosti.

Morate promatrati svoju Stečenu Osobnost da bi razlikovali što je lažno, a što istinsko u odnosu na Pravo Ja, vaše najviše sebstvo. U ovom procesu Rada vaša Svijest postaje aktivnija i sposobna razli- kovati dobro od lošeg, ispravno od pogrešnog, istinito od lažnog, s rastućom jasnoćom.

Transformacija Stečene Osobnosti zapravo je rekonstrukcija vaše psihologije kako bi se izrazilo Pravo Ja, vaša najviša Svijest i Biće. To znači promjenu od psihologije sebičnog interesa ka samo- transcendentnoj psihologiji. Proces je težak jer uključuje dekons- trukciju ega, što je egu bolno. To djeluje destabilizirajuće i stoga zahtijeva veliku snagu karaktera i jaku potrebu za promjenom i razumijevanjem kako bi se raslo u Radu.

Stečena Osobnost je ono tko mislite da jeste. Ponekad se naziva i Imaginarno Ja. Određeno je vašim stavovima, mišljenjima, osjećajima, sviđanjima i nesviđanjima, oponašanjima, uobičajenim reakcijama i načinom na koji razmišljamo, osjećamo i djelujemo. Stečena Osobnost je ta koja djeluje pretežno mehanički i automatski, bez svijesti ili hotimičnosti, izbacujući reakcije (energiju) prema podražajima, u skladu s oblikovanošću vaše psihologije. U Radu se sve što je lažno, pogrešno ili negativno u Stečenoj Osobnosti proučava, radi se protiv toga i odvaja. To podrazumijeva dugoročne napore.

16. IMAGINARNO JA

Imaginarno Ja predstavlja vaš identitet u skladu sa slikom koju imate o sebi *kao* osobnosti. Ako bi vas netko upitao kakva ste vi osoba, vaš bi odgovor bio opis Imaginarnog Ja. Vi možda mislite da ste dobri stari dečko, ili lojalni domoljub, ili avangardni umjetnik, intelektualac, časna i iskrena osoba, društveni aktivist, itd. Te osobine pripadaju Stečenoj Osobnosti. To niste vi.

Imaginarno Ja ima iluziju jedinstva, ali zapravo je ono stalno promjenjivo mnoštvo raznih 'Ja'. Ne postoji stalno Ja koje ima kontrolu. Ali čovjek ima jedno tijelo i jedno ime, i osobnost sačinjenu od imaginarnih slika, što ga navodi da vjeruje kako je uvijek isti – taj Imaginarni Ja.

17. ODBOJNICI

Odbojnici su psihološka sredstva koja je čovjek stvorio tijekom formiranja osobnosti kako bi apsorbirao šok unutarnjih kontradiktornosti; u pogledima i riječima, u mislima i osjećajima. Oni zauzimaju mjesto prave Savjesti koju imamo kao mala djeca, kako bi nas uskladili sa stečenom Savješću. Uspenski:

"Odbojnici nam olakšavaju stvari. Sprječavaju nas da vidimo što uistinu činimo i govorimo."

Kad bi čovjek mogao vidjeti sve te strašne kontradikcije u sebi odjednom, osjećao bi se ludim. Gurđijev:

> "On mora ili uništiti kontradikcije, ili ih prestati vidjeti i osjećati." ... "Odbojnici čovjeku pomažu da ne osjeća Savjest."

18. SAMOLJUBLJE

Sve u Osobnosti temelji se na samoljublju, tj. sebičnom interesu, a jedino tako i može biti. Samoljublje je utemeljeno u strahu. Temeljni nagoni motiviraju akcije koje izražavaju potrebu za moći ili kontrolom nad vašim okružjem i okolnostima. Ti nagoni proizlaze iz instinkta samoodržanja i nužni su u *prvoj edukaciji*.

Ako o samoljublju razmišljate kao o izvoru sebičnih motiva i znate da imate mehaničku Stečenu Osobnost, onda znate da je, neovisno o njenoj naravi, sva utemeljena na samoljublju, jer je stvorena da služi sebi. Samoljublje će vaše dobre akcije zagaditi ponosom i traženjem priznanja. To će većinu tragalaca odvesti na put koji ih uči da "razvoj" znači sposobnost da dobiju sve što žele, da manifestacija njihovih želja *znači* ispunjenje. Samoljublje traži pažnju pod svaku cijenu. Ono govori o sebi i mora biti u pravu, insistira da je u pravu. Samoljublje pretjeruje u hvaljenju i preuveličava svoju dobrotu pred drugima, i olako prelazi u napad. Svi ovi oblici Pogrešnog Rada izviru iz samoljublja, a bavljenjem njima kroz prakse i ideje Rada oni gube svoju moć i postupno prestaju biti motivi koji pokreću akcije vaše Osobnosti.

19. IMAGINACIJA I SLIKE

Imaginacija, koja se može činiti benignom, ispraznom pojavom, zapravo ima ogromnu moć u vašoj psihologiji. Vaša imaginacija potpomognuta je Stečenom Osobnošću u oblikovanju Slika koje imate o sebi u umu, stvarima o sebi u koje vjerujete i imaginarne percepcije o tome što drugi misle o vama.

Istina je da je Imaginacija zapravo posve isprazna. Ona je nestvarna. Ali prevlast nad vašom psihologijom omogućuje joj da dobiva na snazi.

Rad se primarno bavi Imaginarnim Slikama koje imate o sebi kao osobi. To nije nebitna stvar. Vaše Imaginarne Slike izraz su onoga s čime ste se identificirali u Stečenoj Osobnosti i ukopane su u ono "tko" mislite da jeste.

Usmjerena, kreativna mašta nije ono o čemu je ovdje riječ. Rad govori o mehaničkoj Imaginaciji koja sudjeluje u većini Pogrešnog Rada i, posljedično, održava pogrešno funkcioniranje psihologije.

20. OPRAVDAVANJE

Samoopravdavanje je jedna od najmoćnijih sila koje nas drže uspavanima. To je aktivnost odbojnika. Uvijek biti ispravan znači ostati u Snu, ne mijenjajući se. Opravdavanje suptilno mijenja stvari u sjećanju, neke naglašavajući, a neke izostavljajući. Drugim riječima, laže. To je vrlo važno Stečenoj Osobnosti koja je utemeljena na samoljublju i treba vidljivo odobravanje kako bi održala Slike koje želi predstavljati.

Kad počnete promatrati Negativne Emocije, vaša će trenutna reakcija biti opravdati ih. Osjećat ćete da ste u pravu što ste negativni, prebacujući krivnju izvan vas i osjećajući se oslobođeni od odgovornosti zbog Negativnih Emocija. Ovaj Pogrešni Rad je lako prepoznatljiv, i iako je teško baviti se njime u smislu Rada, to je nešto definirano što možete promatrati i koristiti prakticirajući Rad.

21. LAGANJE

Postoji tako mnogo oblika laganja da oni sačinjavaju skoro stalno stanje laganja u psihologiji. Laganje je velika potpora Opravdavanju i uvijek je prisutno u Negativnim Emocijama. I svaki oblik neiskrenosti također je laganje. Ako preuveličavate svoje atribute kako bi ostavili dobar dojam, vi lažete. Kada se pravite da vas netko zanima ili da vam je simpatičan, ili da imate razumijevanje i znanje o nečemu, a u stvarnosti nije tako, onda lažete. Lažete o svojim mislima, osjećajima, motivima, namjerama, kretanjima, aktivnostima, zaradi, položaju, sposobnostima, uspjehu, karakteru, prirodi, interesima, ciljevima. Najviše od svega lažete sebi tko ste, vjerujući da imate svijest i jedinstvo.

Teško je razabrati laganje jer može biti vrlo suptilno i podmuklo, ali ono u psihologiji ima osobitu kvalitetu ili "okus" koji postaje prepoznatljiv. Kada tražite Istinu, postaje vrlo lako razabrati laganje, jednom kad ga počnete prepoznavati. Laganje igra ogromnu ulogu u svakom Pogrešnom Radu jer on uključuje Negativne Emocije koje uvijek lažu.

22. DRŽANJE RAČUNA

Držanje računa je specifični izraz u Radu, za sve ono što vas čini neraspoloženim prema nekoj osobi ili čak životu. Kad držite račun o nekome, vaše sjećanje o toj osobi ispunjeno je svim akcijama zbog kojih joj zamjerite. Ako imate dugu vezu, u tom slučaju pamtit ćete samo ono što potvrđuje vašu zlovolju i to će vas na neki način stalno opsjedati. Pažljivo razmatranje pokazat će vam da je aktivno laganje i da je u pozadini Držanja Računa osjećaj da se prema vama nije primjereno postupalo i niste dobili ono što ste trebali. Zato vam druga osoba "duguje". Ili, možete osjećati da vam život duguje, da nikada niste dobili prave prilike ili povoljne zaokrete, ili dostojne uvjete kakve zaslužujete. Ovo su neke od akcija Unutarnje Konsideracije.

23. PRIGOVARANJE

Prigovaranje je poput pozadinske buke vaše psihologije. Jednom kad ga počnete promatrati, šokirat će vas koliko puno vremena trošite na prigovaranje, ponekad glasno, najčešće u mislima. Držanje Računa je vrsta prigovaranja. Prigovaranje je također puno laži. To je jedna iskošena, tunelska vizija, neprijatni i sebični način gledanja.

Cijelog dana ćete asocijativno prigovarati o mnogim stvarima. Možda ste dan započeli unutarnjim prigovaranjem zbog umora. Tijekom dana možete promatrati prigovaranje o svojoj fizičkoj kondiciji, prometu, poslu, šefu, supruzi, djeci, vremenu, zamoru, pretjeranom radu, nedostatku poštovanja. Možete promatrati nezadovoljstvo (koje je prigovaranje) svojim okolnostima, financijama, izgledom, položajem, imovinom, vezom, onim što imate i što nemate, kako se osjećate; pitate se jeste li zadovoljni, nagrađeni i je li vam udobno. Sve ovo također su vrste prigovaranja.

Prigovaranje je lako promatrati, ono izvire iz psihologije se-bičnog interesa koja je stalno opsjednuta zadovoljstvom. To uklju-čuje gledanje uvijek samo na negativnu stranu stvari, a pozadinska buka koja se stvara je stalni tijek Unutarnjeg Govora o vašem neza-dovoljstvu životom. Jednom kad usvojite Razmjer i Relativnost i do nekog stupnja razvijete Svijest, uvidjet ćete patetičnu narav stalnog prigovaranja zbog toga što ne ide po vašemu ili nemate ono što želi-te, i kako nešto naoko bezazleno i opravdano može učinkovito ome-tati transformaciju i rast kroz Rad.

24. PJEVANJE PJESMICE

Pjevanje pjesmice je specifičan izraz u Radu, a odnosi se na grupu prigovarajućih 'Ja' koji se opetuju u vašoj psihologiji i čija je priroda nešto poput "kuku meni". Može početi iskustvom u sadašnjosti, ali to iskustvo može potaknuti grupu 'Ja' koji vam stalno govore jednu te istu stvar, cijeloga života. To su vrlo poznata emocionalna stanja koja imaju spuštajuću kvalitetu. Primjer bi mogao biti: vaš alarm nije zvonio, budite se kasno i istog trenutka ste užurbani, razdraženi i po-činjete misliti "Zašto je alarm poludio danas kad moram rano na po-sao? Zašto mi se takve stvari uvijek događaju? Izgleda da svaki put kad imam nešto važno navale problemi baš tog dana. Pomislili bi da mogu odahnuti bar jednom, i da se ne moram bakćati s dodatnom gnjavažom na važan dan. Ali ne, što se više trudim, više problema imam. Kao da me progoni loša sreća, obara me i ne mogu se iskobe-ljati. Ako se tako nastavi, nikad neću uspjeti. O čemu to govorim. Ionako nikad neću uspjeti. Sve je beskorisno. Ovo je smijurija. Umoran sam od pokušaja. Umoran sam od promašaja. Ne znam kako postići ono što želim i nikad neću biti sretan."

Vrlo često te će vrste "pjesmica" biti o vašem teškom djetinj-stvu ili bolnim vezama ili nezadovoljstvu zvanjem. Ali one uvijek go-vore istu stvar, a to je uvijek tužna pjesma o žalosnim okolnostima i vašem nesretnom životu. Lako ćete ih prepoznati jer su vam bliske. Nakon što posvetite dovoljno pažnje i saznate što te emocionalne navike izražavaju, jedini način da se nosite s njima jest prakticiranje

Unutarnje Tišine u odnosu na njih.

25. UNUTARNJI GOVOR

Unutarnji Govor je, između ostalog, vozilo za prigovaranje, pjevanje pjesmice, držanje računa i opravdavanje. Normalno funkcioniranje vaše psihologije je da budete stalno angažirani u vanjskom ili unutarnjem govorenju, ili oboje istodobno. Teme variraju, ali monolog je vaše stalno komentiranje iskustava i osjećaja. Općenito govoreći, kvaliteta je negativna, kao u gornjem primjeru – ali ima puno načina Unutarnjeg Govora. To može biti imaginacija, mašta, sanjarenje, pa i pozitivne teme i osjećaji. Samopromatranjem ćete otkriti da se unutarnji govor stalno odvija u vama.

U Radu trebate znati što utišati i vidjeti koja je moguća stvarna percepcija prisutna. U svakom slučaju, Unutarnji Govor primarno je smetnja receptivnosti. Ako ste puni komentara, mišljenja, stavova i reakcija, kako možete čuti Višu Svijest?

26. UNUTARNJA KONSIDERACIJA

Unutarnja Konsideracija odnosi se na jako prevladavajuću disfunkciju vaše psihologije. Ona uglavnom proizlazi iz osjećaja da vam se duguje, ili da ste prezreni ili napadnuti na neki način – ili iz straha da bi mogli biti. Ovaj pojam objedinjuje mnogo različitih načina emocionalne disfunkcije, poput držanja računa, prigovaranja, opravdavanja, i mnogih drugih. Taština igra moćnu ulogu u Unutarnjoj Konsideraciji, kao i strah. Psihološko izražavanje odvija se ovako: kasno stižete na zabavu, s velikom pričom oko zakašnjenja. Svi su već zaposleni razgovorima i aktivnostima. Nitko ne izgleda osobito zainteresiran pozvati vas da mu se pridružite ili da čuje vašu "veliku priču". Osjećate se prezrenim. Osjećate da se ti ljudi ne odnose baš dobro prema vama. Ne iskazuju vam onoliko zanimanja, poštovanja i uvažavanja koliko zaslužujete. Osjećate se uvrijeđeno i ugroženo i počinjete brinuti što svatko pojedinačno misli o vama. Sviđate li im se? Jesu li primijetili da ste nervozni. Mogu li reći da preuveličavate? Slažu li se s onim što govorite, odobravaju li vam to? I kako izgledate? Što ako se ne slažu s vama? Kritiziraju li vas, ismijavaju, odbacuju, omalovažavaju, rugaju vam se? Osjećaj se temelji na neartikuliranom pitanju u vašem umu, nešto kao *"jesam li zadovoljan?"* ... Jesu li se vaša očekivanja i zahtjevi od ove zabave ispunili?

Unutarnja Konsideracija uvijek govori stvari poput *"Nadam se da im se sviđam"; "Što ako pogriješim?"; "Što oni misle o meni?"; "Je li to bila uvreda?"; "Što su time mislili?"; "Nadam se da ne pravim budalu od sebe."; "Što ako sam napravio nešto ponižavajuće?"; "Što će oni pomisliti?"; "Slažu li se samnom?"; "Pokušava li me netko prikazati lošim?"; "Zašto ova osoba ne obraća pažnju?"*

To vrlo brzo prelazi u još općenitije Negativne Emocije. Najčešće je riječ o tome kako ste nezadovoljni svojim životom i okolnostima i kako vas oni nepravedno tretiraju. Osjećate da nikada nemate predaha ili da su vam okolnosti bile izuzetno loše. Osjećate da biste trebali imati bolji posao i viši položaj i da bi vam život trebao biti lakši. Osjećate da vam je život uskratio priliku da postignete ono što želite. Mislite da niste dobili pravu količinu obzira, uvažavanja ili kompenzacije koju zaslužujete od života i ljudi.

Ovaj vrlo složeni, široki psihološki Pogrešni Rad je ogromno područje proučavanja koje poduzimate kako bi ga se oslobodili. Svaki oblik Unutarnje Konsideracije smetnja je u razvoju Svijesti. Unutarnja Konsideracija drži vaš fokus na sebi i ispunjena je vašim vlastitim prohtjevima. Ona učinkovito uništava mogućnost stvarnog osobnog razvoja transcendirane svijesti.

27. IDENITIFIKACIJA

U Radu, biti Identificiran s nečim znači davati snagu svojih uvjerenja tome, pripisujući to sebi. Primarno ste identificirani sa sobom, s onim tko mislite da jeste. Dakle, uglavnom ste identificirani sa svime što vas definira, tj. vašim stavovima, mišljenjima, političkim uvjerenjima, religijom, nacionalnom i kulturnom pripadnošću, kao i individualnim doživljajima i okolnostima. To je mehanička funkcija neprobuđene svijesti. U Identifikaciji, psihologija se kreće od jedne asocijativne misli do druge, identificirajući se sa svakom kako nailaze, osnažujući Identifikaciju vjerovanjem i potvrđivanjem onoga što ona govori.

Možete definirati sebe kao dobrog građanina, političkog libe-

rala, društveno prihvatljivog, domoljuba, kao razumnu, časnu oso-
bu. Kako god sebe definirali, to će se izraziti kroz ono što vjerujete
da su svjesno oblikovani stavovi i mišljenja. Međutim, Identifikacije
niste vi i one nisu Svjesno oblikovane, no ipak ih osjećate kao *sebe*.
One su ono što sada poznajete kao sebe. Ali one su oblikovane u
vama bez vašeg svjesnog sudjelovanja, i stoga pripadaju razini Sna.
Možete li zamisliti da vas je spopala potpuna amnezija te nemate
stavova, mišljenja ili sklonosti, ili bilo kojeg drugog konvencional-
nog načina da opišete sebe – pa ipak, vi još postojite. Vi niste stvari
koje ste izgubili gubitkom pamćenja.

Identifikacija spada u područja s kojima je najteže raditi, to je
najmoćnija sila koja nas drži uspavanima. Ona je suptilna i podmuk-
la i tvrdokorna jer nas vodi izravno do točke u kojoj moramo napus-
titi ego zbog više transcendencije.

28. MNOŠTVO

Jedna od značajnih prijelaznih točaka u Radu događa se kad ste pro-
motrili sav prethodno opisani Pogrešni Rad unutar sebe i uvidjeli
ogromnost kontradikcija i neiskrenosti. Rad kaže da je vaša uspava-
na psihologija neorganizirana masa individualnih misli i osjećaja
zvanih 'Ja'. To je doktrina o 'Ja'. U svakoj životnoj okolnosti na sce-
nu stupa neki 'Ja' i reagira govoreći 'Ja' – bez prisustva Pravog Ja, Svi-
jesti, hotimičnosti ili jedinstva. Nakon dugog perioda Samoproma-
tranja primijetit ćete da su mnogi 'Ja' proizašli iz navike i da se
skupljaju u grupe. Promotrit ćete kako jedno 'Ja' može proturječiti
drugome bez vidljive nelagode, da možete poći na spavanje puni 'Ja'
uvjerenih da ćete se probuditi rano, i pronaći samo druge 'Ja' koji se
opiru i prigovaraju, opravdavajući i racionalizirajući prethodne noć-
ne 'Ja'. Vidjet ćete da vaši 'Ja' govore automatski umjesto vas, na na-
čine koje niste birali, koje niste bili sposobni izabrati. Vidjet ćete
kako se 'Ja' stalno izmjenjuju, izražavajući vaše mehaničke reakcije
na podražaje. Razumjet ćete da govoreći "Ja" dajete pristanak i ener-
giju Identifikaciji.

Jedan od razloga što je to kritična faza jest taj što uvidjevši
svoje Mnoštvo dobivate prvi uvid u veličinu Rada i veličinu njegovih
zahtjeva prema vama. To je odlučujuća točka u kojoj se morate

opredijeliti za put jedinstva ili odlučiti živjeti kao Mnoštvo. Nakon toga morat ćete praviti izbore oko svakog 'Ja' kojeg opazite unutar sebe. Morat ćete raditi protiv nedosljednosti i morat ćete rekonstruirati svoju psihologiju, bez Pogrešnog Rada u njoj.

Još važnije, sama činjenica da ste kroz Verifikaciju spoznali da ste Mnoštvo *znači* da možete izabrati koje 'Ja' je stvarno i iskreno i izražava vaše Pravo Ja. Poznavanje vašeg Mnoštva postupno vam daje moć da birate, dakle da mijenjate.

29. SAMOSVIJEST

Svi napori koje poduzimate prakticirajući Samopromatranje, Pamćenje Sebe, neizražavanje Negativnih Emocija i Vanjsku Konsideraciju imaju za cilj dovesti vas u više stanje svijesti koje se naziva Samosvijest. Prakticiranje Samopromatranja kroz duže vrijeme i Verifikacija postojanja Pogrešnog Rada – Unutarnje Konsideracije, Laganja, Opravdavanja, itd. - u vlastitoj psihologiji naučit će vas da "spoznate sami sebe" na jedini način koji je istinski. Samosvijest je početna točka vašeg potencijala. Prije postizanja Samosvijesti vi ste previše mehanički da bi bili dostupni utjecaju višeg Razumijevanja, s tek rijetkim, kratkotrajnim iznimkama tijekom života.

S iskrenom Samosviješću možete početi birati da budete stvarni u svakom trenutku. To je točka u kojoj stvarna i trajna promjena na vašoj razini Bića postaje opipljiva.

U ovom sustavu, Samosvijest, Pamćenje Sebe i Samopromatranje pripadaju onoj razini Svijesti koja se nalazi neposredno iznad vaše uobičajene svijesti. Riječ je o različitim vrstama aktivnosti. Oni nisu ista stvar.

30. HOTIMIČNOST

Hotimičnost znači postupanje sa svjesnom budnošću. Da bi djelovali hotimično, morate postići svjesnu budnost makar na trenutak. Svijest i Biće manifestirani u Pravom Ja i Istinskoj Osobnosti djeluju s hotimičnošću.

31. NEIDENTIFIKACIJA

Neidentifikacija je kretanje energije van Pogrešnog Rada. To je sila između mehaničnosti i hotimičnosti. Da bi bili slobodni izabrati hotimičnost, morate se osloboditi svojih Identifikacija i prohtjeva. Ako vas motivira sebičnost ili vlastiti program, vi ste Identificirani i niste slobodni napraviti istinski izbor.

Neidentifikacija je napor koji poduzimate i koji oslobađa snagu za transformaciju. To je stanje nesebičnosti, ili praznine, ili nevezanosti o kojemu se govori u Radu. Događa se kada izaberete ne izraziti ili ne odobravati vaše uobičajene mehaničke reakcije. Tijekom Rada možete iskusiti periode Neidentifikacije. To stanje dostupno vam je u svakom trenutku onda kad žrtvujete vlastite prohtjeve kako bi djelovali iz Svijesti, hotimično. To je stanje kojem težite baveći se Radom.

32. ŽRTVOVANJE

Da bi dospjeli u stanje Neidentifikacije, morate nešto žrtvovati. U Radu žrtvujete sve što je lažno ili pogrešno, sebično ili negativno – što pripada Stečenoj Osobnosti, u korist samotranscendentne svijesti. Ako žrtvujete svoje osobne prohtjeve i želje, otkrit ćete da Neidentifikaciju možete postići snagom koju ste povukli iz Identifikacije s vlastitim programima.

Pravilno razumijevanje ideje žrtvovanja ključno je za ispravan put. Rad uči da morate platiti za ono što dobijete, i to je točno. Ono što morate žrtvovati kako bi Radili na sebi jest vaš sebični interes, vaša Stečena Osobnost sa svim svojim vrištećim mišljenjima, sviđanjima i nesviđanjima, stavovima i mržnjama. Postupivši tako, možete dostići više stanje svijesti zvano Neidentifikacija. Samo iz te točke možete oblikovati ispravne akcije. Dakle, žrtva koju morate napraviti da bi se razvili u Radu jest psihološka žrtva ega, kako bi napravili mjesta za rast svijesti i za prijemčivost na više utjecaje. Svaki napor koji poduzmete da bi se oslobodili neke identifikacije jest žrtvovanje. Svaki napor koji uložite u neizražavanje Negativnih emocija jest žrtvovanje. To su žrtve koje traži svaki autentični razvojni put, u ovom slučaju Rad. Ništa drugo ne može pridonijeti stjecanju svijesti. Ne možete kupiti svoj put do nje, i ne postoji vanjski rad koji vas može odvesti do nje. Žrtvovanje je suštinski, emocionalno/psihološki napor. Ono ima snagu i daje prostor za rast.

33. PATNJA

Rad uči da postoje dvije vrste patnje – Potrebna i Nepotrebna Patnja. Obje osjećamo sasvim isto i općenito ih ne razlikujemo. Vaša patnja zbog javnog poniženja, na primjer, može biti teška koliko i patnja zbog gubitka bliskog prijatelja. Od presudne je važnosti početi uočavati razliku.

Svatko pati skoro neprestano tijekom života, neovisno o okolnostima. I tijekom života postoje istinski razlozi za stvarnu patnju. Međutim, Rad nas uči da je velika većina naše patnje nepotrebna. *Nepotrebna* Patnja izvire iz naših nezadovoljenih prohtjeva i želja. *Stvarna* Patnja plod je gubitka ljubavi, smrti bliske osobe, besmislenosti, stvarnog gubitka, bolesti, itd.

U Radu ćete uglavnom proučavati Nepotrebnu Patnju, jer ona je ta koju morate žrtvovati. Vaša Nepotrebna Patnja izvire iz Stečene Osobnosti i njenog Pogrešnog Rada. Svi oblici Unutarnje Konsideracije jesu Nepotrebna Patnja. Svi oblici Negativnih Emocija jesu Nepotrebna Patnja. Svi oblici opravdavanja, straha, brige i nesigurnosti jesu Nepotrebna Patnja. Svi izvori Pogrešnog Rada imenuju se u obavljanju Rada i postupno se eliminiraju.

Postoji još jedan element kojeg ovdje treba spomenuti. Bavljenje Radom je hotimično upuštanje u dodatnu Nepotrebnu patnju u cilju razvoja. Vršenje praksi i vježbi Rada izaziva Nepotrebnu Patnju, i to treba napraviti voljno. Prihvaćanje procesa je Nepotrebna Patnja, i žrtvovanje vaše egocentrične psihologije u korist samotranscendentne psihologije je Nepotrebna Patnja. Kad ste u Radu, to činite sa svrhom.

34. UNUTARNJA ODVOJENOST

U praksama i vježbama Rada dani su nam alati za korištenje protiv svakog Pogrešnog Rada kojeg uočimo. To su psihološki alati primjenjivi za naš psihološki razvoj.

Rad od vas najprije traži da prakticirate Samopromatranje. Upućeni ste da uočite Mnoštvo 'Ja', stupanj Pogrešnog Rada u vašoj psihologiji, i da pasivno promatrate dok počinjete spoznavati sebe na novi način. Ali, što onda? Jednom kad vidite svoju Stečenu Osobnost i osjetite Pravo Ja, kako da ih uskladite? Što možete učiniti oko Pogrešnog Rada kojeg ste uočili u sebi?

Rad nam nudi praksu zvanu Unutarnja Odvojenost koja predstavlja psihološki napor koji poduzimate da bi odstupili od svog mehaničkog funkcioniranja. Čineći tako, jačate promatrača mehanike – Promatračko Ja. Napor da se odvojite od mehaničkog ponašanja slabi njegovu snagu. Ovo je suptilna psihološka vježba. Uviđate opetovano mehaničko ponašanje i ne govorite o tome kao o 'Ja'. Ne pristajete na to. Oduzimate mu snagu. To doprinosi postizanju nevezanosti, odnosno znači korak dalje u smjeru Neidentifikacije. Svaki napor takve prirode pomaže da se odvojite od vaše Lažne Osobnosti.

35. UNUTARNJI STOP

Sljedeći vrijedni alat koji nam daje rad zove se Unutarnji Stop. On se može smatrati prvim pokretom napora prema Unutarnjoj Odvojenosti i Neidentifikaciji. Kad uočite Pogrešan Rad u sebi i kroz Verifikaciju znate da je to Pogrešan Rad koji želite promijeniti i da je prvi napor u promjeni taj da ga zaustavite, možete prakticirati Unutarnji Stop. Ako uočite opravdavanje, jednostavno prestanite izgovarati riječi. Ako možete uspješno zaustaviti neki Pogrešan Rad dok traje, onda u tom trenutku možete izabrati da krenete prema odvajanju od njega. Eliminacija Pogrešnog Rada događa se nepristajanjem na davanje vaše pažnje. Prvo se zaustavite, a *onda* možete krenuti prema Unutarnjoj Odvojenosti. Možete koristiti metode podsjećanja na Rad i vaš cilj ili neku drugu hotimičnu aktivnost koja vam pomaže da promijenite smjer u toj točki.

36. UNUTARNJA TIŠINA

U Radu, Unutarnja Tišina je vrlo specifična psihološka vježba. To nije unutarnja tišina na koju se obično misli kad se govori o transcendentnom stanju iznad buke Mnoštva. To nije opća unutarnja tišina tihog, neaktivnog uma. To znači ostati tih u umu u odnosu na jednu određenu stvar.

Prakticirajući Samopromatranje počet ćete uočavati definirane, ponavljajuće grupe 'Ja' koje su štetne, neiskrene ili čak opasne. Uočit ćete kako "pjevate vaše pjesmice". Uočit ćete držanje računa o nekome. Kad imate definiranu grupu 'Ja' koju ste tijekom vremena opetovano prepoznali, možete prakticirati Radnu verziju Unutarnje Tišine u odnosu na tu poznatu grupu 'Ja' kako bi im oduzeli moć. Praksa Unutarnje Tišine ide otprilike ovako: svjesni ste da u vašoj glavi jedan račun bjesni protiv druge osobe. Pogonjen Negativnim Emocijama, on ima vlastiti momentum. Njegova energija je aktivno prisutna, kao i Negativne Emocije. Da bi prakticirali Unutarnju Tišinu, prestanite davati glas toj određenoj grupi 'Ja'. Svaki put kad se pojavi neko 'Ja' koje pripada držanju računa protiv te osobe nemojte mu dati riječ, bilo doslovno ili, što je preciznije, psihološki. Ne dopuštate tim mislima da dodirnu mjesto u vašoj psihologiji, ne dopuštate ni svom jeziku da dodirne to mjesto, jer će inače krenuti bujica riječi. Dakle, prakticirajući Unutarnju Tišinu najprije ne date riječ određenom Pogrešnom Radu. Ne dajete mu pažnju čak i ako još osjećate njegovu prisutnost. Odbijate prihvatiti ili dopustiti da vam povuče energiju. Ali što je najvažnije, ne dopuštate sebi izgovoriti ni riječ, čak ni u umu.

37. VANJSKA KONSIDERACIJA

Ako ustrajete u Radu i razvijete se na njegovom putu i ako postignete određeni stupanj samotranscendencije, počet ćete biti sposobni za hotimično prakticiranje Vanjske Konsideracije. Rad od vas traži da prakticirate Vanjsku Konsideraciju od samog početka vaših napora. Ispočetka to uglavnom izgleda kao da je riječ o preuveličavanju lijepih manira, ali prolaženjem kroz proces Rada, Razumijevanje što znači i što zahtijeva vanjska zaokupljenost u punom smislu bit će izvan vaše sposobnosti vrlo dugo vremena.

Vanjska Konsideracija itekako uključuje obazrivo ponašanje. Ali ona ne traži od vas da budete pristojni, traži da razumijete položaj druge osobe. Traži da uvidite okolnosti sa stanovišta druge osobe i da se odnosite prema njoj s hotimičnošću koja izražava dobru volju – Svjesnu Ljubav. To može zahtijevati da budete aktivni ili pasivni, ili čak da se povučete. Svaki dan, svaki trenutak koji provedete u društvu drugih ljudi postaje prilika za prakticiranje samotranscendencije kroz Vanjsku Konsideraciju. Radeći tu vježbu i razvijajući se u Radu počet ćete dobivati životno Razumijevanje o tome što znači biti uspavan. Kad se počnete buditi, otkrit ćete da je vrlo lako oprostiti drugim ljudima njihovo stanje, jer znate kako je biti uspavan. To stanje je prepuno patnje.

Vanjska Konsideracija zahtijeva jako puno prakticiranja i proučavanja koji će vam koristiti kad steknete dovoljno svijesti da izaberete samotranscendenciju. Ali suštinska priroda i temelj Vanjske Konsideracije zasnivaju se na praštanju. To je opraštanje ljudima što su uspavani. Čineći tako, rješavate ih svojih prohtjeva i oboje postajete slobodni. To znači dati drugima olakšanje i koliko god *konsideracije* je potrebno. Djelovati hotimično iz Svijesti, s Razumijevanjem i ispravnim postupcima – činiti ono što je Dobro.

4. Predavanje

Prije nego započnete s prakticiranjem psihološkog Rada Četvrtog Puta, prvo morate imati snažnu želju da promijenite sebe kao ljudsko biće, posegnuti za tim metafizički, tražeći smisao, autentičnost i rast prema onome što ste rođeni da budete. Ta vrsta nezadovoljstva sobom kakvi jeste je nužna, jer Rad onda može koristiti energiju te želje kao pogon za stvarnu promjenu kojoj se teži. Svaki učenik mora biti voljan poduzeti napore nužne za ispunjenje iskrene želje za osobnim razvojem.

Rad se mora obavljati voljno, to je presudna točka. Da bi mogli raditi voljno, prvo morate razumjeti što radite i zašto to radite. Ako se u prakse Rada pokušate upustiti neinformirano ili neobavezno, ili iz znatiželje, ili naprosto slijedeći naputke Učitelja, u legalističkoj maniri, otkrit ćete da ste zagrizli više nego možete prožvakati i Rad će za vas postati rizičan. Opet, ako ste općenito zadovoljni sobom, Rad će vas samo ugroziti. Ili ako zamišljate da možete postići samo-majstorstvo na način koji će vam dati moć da ispunite svoje snove i želje i tako budete zadovoljni, Rad će vas grubo iznenaditi. Ni jedan od ovih pristupa Radu neće vas odvesti nikamo. Da bi Rad djelovao u vama, otpočetka morate voljno težiti iskrenom mijenjanju sebe. Ako ovo jasno razumijete i imate ispravan stav, a to je Savjest prema Radu, onda počinjete sa stjecanjem znanja.

Stjecanje znanja je prvi napor u Radu, jer ne možete postići pravi rezultat ukoliko ne razumijete kako, zašto i što morate činiti. Budući da je Rad ezoterijsko znanje, on ima osobitu kvalitetu koja zahtijeva razmišljanje. O idejama i praksama ne možete učiti intelektualno, koristeći uobičajenu memoriju, i postići neki rezultat. Ideje ovog sustava trebaju se asimilirati u vašu svijest putem *razumijevanja*, koje nije isto što i poznavanje. Ono zahtijeva osobni Rad, razmišljanje i refleksiju, i fleksibilni um koji ne pretpostavlja da već sve razumije.

Možete potrošiti cijeli život na proučavanje znanja Četvrtog Puta i postati tehnički stručnjak, a da nikada uistinu ne budete na putu Rada. Znanje dolazi prvo, ali ono ne vodi nikamo ukoliko ga ne primijenite na sebi, na svome Biću. Nikakva količina znanja sama po sebi ne stvara promjenu; kad počnete prakticirati ono što ste saznali, dobivate svjetlost i ideje postupno postaju životno razumijevanje, putem osobnog iskustva koje se stekli praksom.

Proučavanje ovog ezoterijskog učenja dat će vam male šokove buđenja ako promislite njegove ideje. Ideja da je čovječanstvo uspavano samo je malo manje uzbunjujuća od ideje da ste *vi* uspavani. Ideja samo-evolucije i različitih razina svijesti je šok. Ideja Mnoštva i mehaničnosti će vas poljuljati. Znanje o ovom učenju može vam pružiti iskustvo trenutnog proširenja svijesti, ali ne i trajnu osobnu transformaciju. Transformacija, koja jasno indicira promjenu, događa se kroz vaše individualni napor da primijenite to znanje na sebi, na način da prakticirate učenje. Jako puno učenika brka znanje o idejama Sustava s razumijevanjem koje dolazi jedino s prosvjetljenjem stečenim u praktičnim naporima. Vi možete znati da ne pamtite sebe, ali znanje o tome ne znači da se sad prisjećate sebe. Da bi razumjeli što to znači ne pamtiti sebe, morate poduzeti napore da se zaista sjetite sebe. Možete vrlo dobro znati da morate promatrati sebe, a da nikad ne odete dalje od tek nasumičnog zapažanja ovog ili onog, ili možete vrlo jasno shvatiti ideju mehaničnosti, a da nikad ne uočite svoju vlastitu. Ne možete imati perspektivu Trećeg Stanja Svijesti ukoliko se ne uzdignete do njega na praktičan način, vlastitim naporom.

Dostizanje Trećeg Stanja Svijesti – buđenja – moguće je uglavnom na način da svoju osobnost učinite pasivnom; suprotstavljajući se mehaničkom momentumu sna koji uvijek podupire vašu osobnost. Zapamtite da vam je Treće Stanje dostupno u svakom trenutku, odmah iznad vašeg uobičajenog stanja, dostižno kroz prakticiranje Pamćenja sebe, Samopromatranja i Neidentifikacije, koji su značajke svijesti u Trećem Stanju. Vi sami možete stvoriti te značajke ako se sami bavite Radom. To je samo-evolucija.

Nije li to nevjerojatna ideja – da se možete uzdići na više razine Bića i Svijesti unutar sebe baveći se Radom, a čineći tako možete primiti prosvjetljenje. Veličina ovog poklona mogućnosti nadilazi riječi, pa ipak je provjerljiva i istinita. Vaše vrednovanje Rada produbljivat će se i rasti kako budete učili cijeniti značaj tog poklona. Ako pronađete ovaj ezoterijski put, možete se smatrati blagoslovljenima.

Praksa pamćenja sebe

Svakom učeniku koji počinje prakticirati psihološke vježbe Rada savjetuje se da prije svega prakticira posebni oblik Pamćenja Sebe. Upućeni ste da posvetite pažnju prisjećanju na vaše najautentičnije Sebstvo; sjećanju na suštinski smisao svog Bića, van vremena i događaja. Nekoliko puta na dan, ili kad god se sjetite, prakticirajte Pamćenje Sebe stojeći uspravno unutar sebe, van tog trenutka i njegovih utjecaja. Nije važno koristite li budilicu kao metodu za prakticiranje Pamćenja Sebe ili naprosto pokušavate zapamtiti da trebate pamtiti sebe. Najprije ćete otkriti da se vi zapravo ne sjećate sebe. Počet ćete se sjećati da ste zaboravili sebe, i to je početak svjetlosti.

Budući da ova vježba počiva na nečemu što je puno čistije u motivaciji od pravila, striktno pridržavanje pravila rijetko urodi plodom. Vođenje dnevnika o vašim iskustvima može biti od pomoći ako je to vaš stil, ili može poremetiti iskustvo ili njegovu percepciju ako to nije vaš stil. Važno je da vi zaista prakticirate Pamćenje Sebe, da okusite to stanje i upamtite ga.

Sve ostale psihološke prakse Rada različiti su oblici i stupnjevi Pamćenja Sebe. Samopromatranje nije Pamćenje Sebe, premda vam omogućuje da uočite kako ne pamtite sebe. Tu nastaje zbrka između Samopromatranja i Pamćenja Sebe. Samopromatranje i Pamćenje Sebe su dvije vrlo različite vrste psiholoških aktivnosti koje dodiruju isto stanje svijesti, Treće Stanje. Samosvijest i Pravo Ja također pripadaju toj razini, rezonirajući do nekog stupnja jedno u drugome, ili dijeleći isti *okus* stanja.

Rad tumači da je unošenje ideja Rada u trenutak iskustva (nadolazeće utiske) također oblik Pamćenja Sebe. Prakticiranje svake vježbe Rada, tj. Samopromatranja, Unutarnje Odvojenosti, itd., oblik je Pamćenja Sebe. Pamćenje vašeg Cilja je sljedeći oblik. U *punom* Pamćenju Sebe vaše Pravo Ja doživljava se kroz sve stvari; vašu individualnost, vašu ništavnost, vašu utkanost u Univerzum. U tom stanju osjećate duboki mir i neizrecivu prosvjetljenost. To se ne može svesti na prikladne riječi. Premda je svatko tijekom života iskusio takve trenutke, prakticiranjem Pamćenja Sebe moguće je hotimično prizvati to stanje i razviti ga u trajno stanje Svijesti. Ta trajnost mora biti izgrađena praksom. Morate Pamtiti Sebe – nitko drugi to ne može učiniti umjesto vas.

Samopromatranje

"Gledaj, ne spavaj"

Samopromatranje je najosnovnija praksa ovog učenja. Osnovnija čak i od Pamćenja Sebe, jer donosi svjetlost Svijesti i načine za razvoj Pravog Ja – onog kojega se sjećamo u činu punog Pamćenja Sebe. Sve počinje sa i ovisi o Samopromatranju u Radu. O njemu ovise ostale prakse i vježbe, i ono osvjetljava Pravo Ja. Zbog toga je presudno da vaše prakticiranje Samopromatranja bude rafinirano i ispravno. Za to će vam trebati Učitelj.

Kad počnete prakticirati Samopromatranje, morate sebe podijeliti na dvije strane, promatrajuću i promatranu. Da bi to učinili, morate odvojiti dio pažnje i unutar svoje psihologije stvoriti promatračnicu s koje sebe možete vidjeti objektivno. Kad se pokušate pogledati s te nove pozicije, trebali bi biti u stanju vidjeti sve odjednom – vaše vanjske okolnosti, akcije i riječi, stavove, emocionalna stanja, položaj tijela, ton i boju glasa, namjere, motive, izraze lica i kretnje tijela. Ta vrsta budnosti traži nešto prakse i ispočetka se pojavljuje samo u kratkim bljeskovima. Svaki bljesak je snimak sebe koji ćete zapamtiti zbog osobite kvalitete koju ima. I svaki napor u prakticiranju Samopromatranja stvorit će više svjetlosti, jer Samopromatranje propušta zraku svjetlosti iz Više svijesti u vašu psihologiju.

Analogija za prakticiranje Samopromatranja ide ovako: Vi imate mnogo 'Ja', jedno od njih je Promatračko Ja, i vi se namjeravate igrati. Igra predstavlja život. Svi u publici – vaši mnogi 'Ja' – pojedinačno pridaju pažnju igri, i svatko različito reagira na nju. Neki 'Ja' su uzbuđeni, nekima je dosadno. Neki su ljuti, neki su zadovoljni. Promatračko Ja okreće se od pozornice i gleda publiku, primjećujući reakciju svakog 'Ja' na igru koja je život.

Sjetiti se prakticiranja Samopromatranja i rafinirati ga jesu prva dva izazova. Podsjećanje sebe može biti jednostavna stvar pomoću lijepljenja ceduljica koje kažu "Promatraj sebe" posvuda uokolo, ili odluke da prakticirate svakodnevno u određeno vrijeme, ili korištenja malih trikova koji će vas podsjetiti da promatrate sebe.

Kad počnete prakticirati Samopromatranje, ponekad ćete se užasnuti nad onim što vidite. To je najveća prepreka koju treba prebroditi u rafiniranju prakse Samopromatranja. Kada promatrate sebe i počnete uočavati neiskrenost, laži, sebičnost i legije Negativnih Emocija koje karakteriziraju vaše unutarnje iskustvo i oblikuju vaš život, šok vas može doslovno zaustaviti na putu, u razvojnom smislu. Onog trenutka kad osjetite negativne Emocije prema onome što promatrate, poput krivnje, straha, poniženja, frustracije ili srama, vi ste zapeli. Budući da iz negativnog stanja ne može niknuti ništa svjesno, vi se zaustavljate. Čim počnete opravdavati ono što ste uočili, također se zaustavljate. Ako opravdavate, možete biti sigurni da ste identificirani i u Negativnim Emocijama.

Od presudnog je značaja Samopromatranje prakticirati nekritički. Morate biti u stanju sve vidjeti obestrašćenim [*dispassionate*] okom. To ne znači zaboraviti na Savjest, nego naučiti da ne pripisujete sve sebi. Činiti to jest Identifikacija, a to je stanje koje pokušavate promijeniti. Proces Rada prosvijetlit će vas oko toga što pripisati sebi – svome Pravom Ja.

Prvo što trebate učiniti ako postanete negativni u odnosu na ono što promatrate jest povući osjećaj 'Ja' iz toga. Recite toj opservaciji: "To nisam ja". Zatim Promatračko Ja okrenite prema svojim negativnim reakcijama i pogledajte što vam one govore. Kada kažete "To nisam ja", pravite razliku između mehaničnosti i Pravog Ja, što je razbistravajuće, a time i povlačite nešto energije iz mehaničnosti. Ako se uhvatite u opravdavanju, naprosto prestanite izgovarati riječi. Prakticirajte Unutarnju Tišinu.

Trebat će će puno vremena stvarne prakse prije nego Promatračko Ja ispravno profunkcionira ili dobije trajnost, ili prije nego iskusite dovoljno unutarnje svjetlosti da bi mogli ono što Rad uči – verificirati u odnosu na vlastitu psihologiju.

Svjetlost Samopromatranja šalje zraku u tamu koja je nesvjesni dio vas. Ova tama nije zla. Nije vam rečeno da tragate za bilo kojim zlom koje bi moglo biti nepriznato u vama. Ideja o suprotstavljanju unutarnjoj tami jest zlo. Vaša tamna strana svakako sadrži mnoštvo Negativnih Emocija, ali to nije sve. Vaša tamna strana je sve ono što ostane nepromotreno i nepriznato od vas, čega niste svjesni. Ne možete promijeniti ono čijeg postojanja niste svjesni. Dakle, stvarna osobna promjena, koja je cilj ezoterije, prije svega ovisi o svjetlosti Samopromatranja.

Jedan od mnogih razloga što Rad traži da od početka promatrate svoje Negativne Emocije i stanja je taj što to nije dio vaše Suštine, to je stečeno, i još važnije – izravno priječi put vašeg razvoja. Dakle, od svakog se učenika traži da od početka, u sklopu Rada na Biću, ne izražava negativnost. Postupajući tako, počet ćete uviđati stisak u kojem vas drže Negativne Emocije i osjetit ćete njihovu snagu kad ih pokušate ne izraziti. Ali najprije ih morate biti u stanju promatrati.

Praksa će vam pokazati kako se krećete od prigovaranja preko osjećaja razdraženosti do govorenja i postupanja s bijesom, popraćenih samoopravdavanjem, snuždenošću i krivnjom. Uočit ćete unutarnje i vanjsko govorenje s klevetničkim izrazima i zateći ćete sebe gunđajući oko nečega što morate istrpjeti, zabrinuti zbog toga. Uvidjet ćete da stalno kritizirate sve i svakoga koga susretnete. A to je ono što vi nazivate razboritošću. Primijetiti ćete da ste zaraženi nezadovoljstvom bez obzira što imali, i da se osjećate tjeskobno i zastrašujuće ranjivo. Kada stvari idu dobro, bojat ćete se da će se to promijeniti i da ćete patiti. Kada stvari ne idu dobro, bojat ćete se da se to neće promijeniti i da ćete patiti. U svakom slučaju se bojite i već patite. Uhvatit ćete se u recitiranju zamjerki protiv ljudi, događaja i okolnosti, i uočit ćete frustraciju. Uhvatiti ćete sebe u ogovaranju, biti šokirani koliko često lažete, osjećate se nesigurnim, poraženim ili odbačenim, ili kako često laskate sebi, sudite drugima i prema svemu se odnosite u pojmovima sviđanja i nesviđanja.

Vrlo je jasno da sav Pogrešni Rad vaše psihologije mora biti eliminiran prije nego budete mogli funkcionirati na višoj razini svijesti. Samopromatranje je prvi korak u početku pročišćenja vašeg unutarnjeg života; u oslobađanju od sveg nereda i nečistoće Negativnih Emocija. Dok promatrate negativno Ja, već ste manje pod njegovom moći. Promatračko Ja nije identificirano, pa ne može biti zarobljeno. Ono koristi snagu hotimičnosti koja bi inače bila angažirana u mehaničkim negativnim emocijama. Opetovano promatranje istih Negativnih Emocija slabi ih i oslobađanje od njih postupno čini lakšim.

Od učenika se traži i da promatraju svoju Lažnu Osobnost u akciji. To uključuje: stavove, mišljenja, sklonosti, manirizam, ponavljajuće fraze, položaje tijela, govor tijela, izraze lica i cijelo mnoštvo promjenjivih 'Ja'. To mnoštvo koje reagira na podražaje nazvano je Imaginarno Ja, i ono ima iluziju jedinstva. Oblik Imaginarnog Ja proizlazi iz ideja koje imate o tome tko ste vi. Te iluzorne ideje oblikuju sliku o sebi utemeljenu na imaginaciji, taštini i samoljublju. Imaginarno Ja vjeruje da ono jest slika i imaginacija koju imate o sebi, ali će vam iskreno Samopromatranje pokazati da vi niste onaj tko smatrate da jeste. Cjelokupno Mnoštvo 'Ja' potječe iz automatskih reakcija koje diktira vaša individualna Stečena Osobnost. Samopromatranje će vam pokazati da vi niste vaša Lažna Osobnost.

Nakon što ste neko vrijeme prakticirali Samopromatranje, kada imate dovoljno snimaka sebe i verifikacija, ideja Mnoštva počet će dobivati više smisla. Uviđanje da nemate stabilni centar ili kontrolirajuće 'Ja' znači da vi ne živite život – vi samo reagirate na podražaje. To je vrlo važan djelić razumijevanja koji će, držite li ga se, uvećati vašu želju za promjenom.

Ova točka u Radu može biti zastrašujuće dezorijentirajuća. Osvješćivanje Mnoštva u sebi se u procesu Rada događa puno prije nego Pravo Ja ili Istinska Osobnost steknu snagu prisutnosti koja bi vas sačuvala od psihološke vrtoglavice izazvane akutnim osjećajem ništavnosti koji nastaje Samopromatranjem. U toj točki dosegnuli ste prvo zaista opasno mjesto u Radu. Kad bacite prvi oštri pogled na sve te horde 'Ja' u vašoj psihologiji nad kojima nemate kontrolu, i kad vidite da reagiraju mehanički bez vašeg pristanka, i kad ih čujete gdje govore stvari koje vi ne mislite, odjednom sebe osjećate strancem. Masu promjenjivih 'Ja' ne prepoznajete kao odraz onoga što ste oduvijek smatrali sobom, i tako nestaje Imaginarno Ja i iluzija jedinstva.

Ono što slijedi jest pitanje: "Tko sam ja?", i to je nužno stanje koje se mora dosegnuti – u trenutku stvarnosti u kojem doživljavate svoju istinsku ništavnost osjetiti pitanje "Tko sam ja?". Ako su vaši motivi iskreni, odgovor koji ćete dobiti bit će očitovanje vašega Pravog Ja.

Počet ćete percipirati Promatračko Ja kao izdvojeno od ostalih 'Ja', po kvaliteti i poziciji. Ono stoji po strani, takoreći iznad ostalih 'Ja', i može ih vidjeti u akciji. Zapamtite da Promatračko Ja informira i određuje Pravo Ja i da je Pravo Ja više od Promatračkog Ja. U nastavku procesa Samopromatranja ta percepcija postaje opipljivo unutarnje iskustvo. Vaš osjećaj sebe počinje se razlikovati od 'Ja' Lažne Osobnosti. Razlika postaje prostor između Lažne Osobnosti i Pravog Ja, definirajući oboje. Ali taj proces treba vrijeme, a Promatračko Ja je u stanju vidjeti prije nego stekne snagu za djelovanje. Osjetit ćete lažnost 'Ja' Osobnosti i znati da "to nisam ja", ali biti nesposobni da išta mijenjate. Što je još gore, nećete znati što jest 'Ja', jer još nemate razvijeni osjećaj Pravog Ja.

Da bi prebrodili ovaj dio puta potrebna je razina stabilnog, zrelog Bića i ispravne smjernice. U toj točki vrijedi sebi postaviti pitanje: "Što je to unutar mene što vrši promatranje?". Odgovor daje jasnoću i definiciju Promatračkom Ja. Što češće prakticirate Samopromatranje, to ćete brže proći kroz ovu fazu Rada, jer će Promatračko Ja biti više definirano.

Prakticirajući Samopromatranje, Promatračko Ja uočit će Mnoštvo 'Ja', uobičajene značajke Osobnosti, Negativne Emocije, asocijativno razmišljanje, samoopravdavanje, Unutarnju Konsideraciju, strah i taštinu – kako se natječu za vašu pažnju i uzimaju vam energiju. U trenutku takvog viđenja mora se razlikovati i napraviti odlučujući izbor, onaj koji negira sve lažne ili negativne 'Ja', ali i koji privlači i afirmira sve 'Ja' koji pripadaju Višoj Svijesti unutar vas. Sposobnost razlikovanja posjeduje Prava Savjest, koja postaje aktivna u svjetlosti Samopromatranja.

Upravo tu, u toj točki procesa Rada, izlazi na vidjelo čistoća vaših motiva. Ako je vaš Rad ozbiljan, ako je vaš Cilj Božja Volja, a ne vaša vlastita, onda će Prava Savjest razlikovati, izabrati i inspirirati. Prilika je propuštena ako neko od 'Ja' Osobnosti zamišlja da ono bira, odabirući ono što mu je najviše po volji. U tom slučaju Lažna Osobnost jača i ništa se, u smislu Rada, ne postiže.

Jedino u čistoći i poniznosti vaše ništavnosti Objektivna Prava Savjest može osvijetliti Pravo Ja vašeg Bića. Tako, ako ste Radili na pogrešnoj osnovi, primjerice iz želje za stjecanjem osobne moći, ovo je točka u kojoj ćete promašiti zahvaljujući svojim motivima. To je tragedija koju stalno nastavljaju iskvarene škole i iskvareni učitelji koji podučavaju iskvarene motive i promiču iskvarene ciljeve.

Rad zauzima mjesto Prave Savjesti dok se ne pojavi vaša vlastita. Savjest je funkcija duha, a da bi postala aktivna potreban je određeni stupanj čistoće. Sebični, samouzdižući motivi nemaju čistoću koja bi potaknula aktivnost Savjesti. A ako se u procesu Rada u točki "biranja" zateknete bez pomoći Prave Savjesti u razlikovanju i izboru, nećete imati vezu s višim Umom koji bi vas vodio. To je vrlo opasna psihološka pozicija u kojoj bi se mogli naći. Bez smjernice, ne možete se pomaknuti dalje od faze viđenja vašeg Mnoštva, prema jedinstvu i autentičnosti, i ne možete *od-znati* [un-know] ono što ste spoznali i verificirali. Pogrešna motivacija učenike vodi izravno do točke duševno rastrojavajućeg gubitka identiteta i ostavlja ih u tom stanju, jer pravi cilj Rada je stvaranje jedinstva i autentičnog 'Ja'.

Ali pretpostavimo da su vaši motivi ispravni i da ste u Radu došli do točke gdje morate izabrati koja 'Ja' hraniti, a koje odbaciti. Govoreći vrlo praktičnim pojmovima, pretpostavimo da promatrate sebe kako opravdavate svoju kritičnost prema nekome.

"Pa znate, on je vrlo loš. On je grub i glup i stvara velike teškoće, čak i bol. Previše govori i sarkazam ga zabavlja, ne mareći ugrožava li nekoga. Čak i namjerno vrijeđa i potkopat će vas, bešćutno bezobziran prema vašim osjećajima. Čut ćete ga kako laže, ogovara i kleveta svakoga o kome govori. A njegova odjeća i kosa! Pomislili biste da bi netko tko toliko nastoji praviti spektakl od sebe više vodio računa o svom izgledu. Sumnja se da ima problema sa drogom ili alkoholom, i skoro je sigurno da krade i vara druge. On je zaista nepodnošljiv, i to s dobrim razlogom."

Dakle, ako uočite da u vama teku misli i osjećaji poput ovih, i ako pamtite vaš cilj i ideje Rada, o njima ćete morati razmišljati u odnosu na ovaj doživljaj. Prvo, STOP kritiziranju, jer to je negativna emocija, a Rad vas uči da je zaustavljanje izražavanja Negativnih Emocija presudno u procesu. Zatim Unutarnji Stop morate prakticirati opet i opet, jer će se misli i osjećaji opetovano vraćati, opirući se vašem cilju. Zatim ćete spoznati da je na djelu vaša osobna mehanika, jer će netko drugi istu osobu smatrati sasvim šarmantnom, duhovitom, čak ljupkom – možda njegova majka – a drugi ga uopće i ne zamjećuju. Dakle, vaše subjektivne mehaničke reakcije na njega su ono što je krivo. Vaše Negativne Emocije uvijek su vaša krivnja. Ali, kako je moguće ne davati primjedbe o njemu i njegovom ponašanju?

Tako što ćete se sjetiti da on također podliježe svojoj mehaničnosti i da je mrtav za svijet Uspavan u njemu. Svanut će vam da on nije njegovo ponašanje, kao što ni vi niste vaše. Uvidjevši vlastitu nesposobnost da uvijek djelujete hotimično, razumjet ćete što znači biti mehaničan, i da u tome on ima vrlo malo izbora. Shvaćate da je podmukli duh njegove osobnosti oblikovan bolom i oponašanjem, i da su njegove stalne sarkastične primjedbe pokušaj da druge učini manjima kako bi se sam osjećao superiornim. Znate da se zapravo osjeća vrlo inferiornim i nesigurnim, i da njegovu osobnost pokreću ta stanja. Kroz razumijevanje u vama će se pobuditi suosjećanje. Mislite "jesam li ja puno drukčiji?", uviđate da se vaša kritičnost i klevetničke misli o njemu ne razlikuju puno od njegovog ogovaranja i klevetničkog, uvredljivog ponašanja. Uviđate da zaziranjem prilagođavate činjenice tako da se uklope u vaš negativni stav, dok sjedite na vlastitom pijedestalu superiornosti i gledate na njega svisoka, sudeći ga i osuđujući što gleda svisoka na druge. Je li vaš osjećaj superiornosti išta bolji od njegovog? Jeste li ikada postupali loše, s namjerom da postignete pažnju ili moć? Možete li se sjetiti kad ste zadnji put lagali, ogovarali ili izrekli nelijepe riječi o nekome – danas? Nije važno ako te stvari izražavate drukčije. Uviđate da su iste Negativne Emocije na djelu i u vama i u njemu. Vrlo dobro razumijete nesigurnost i osjećaj inferiornosti iz vlastitog iskustva i dugotrajnog Samopromatranja. Doživljavate naklonost prema njemu. Shvaćate da ne poznajete stvarnu osobu, da vidite samo Lažnu Osobnost koja je zapravo bolnija za njega nego za vas. Osjećate kajanje što ste bili tako kritični i zlobni prema njemu. Poniženi ste i osjećate bol koju ste zadali sebi. Čeznete za oprostom i trebate čistoću. Shvaćate da vam je dan neizmjeran poklon Rada i sposobnost da se kroz njega oslobodite Negativnih Emocija i patnje koju donose. Sjetite se da ta osoba nije dobila takvu priliku i prema njoj osjećate simpatiju i suosjećanje. U vašem srcu rađa se molitva da i on bude blagoslovljen. Osjećate oprost i oslobađanje. Pročišćenije i prosvjetljenje stanje jest iskustvo vašeg Pravog Ja. Njegova stalna prisutnost gradi se na opetovanim iskustvima.

Nije nužno da naučite zavoljeti sve što smatrate lošim ili negativnim. I ovdje dolazimo do sljedeće točke u ezoterijskom učenju koja se stalno pogrešno tumači. Ideja da naučite zavoljeti ono što ne

volite jest vježba koju treba prakticirati uz razlikovanje i s odgovara-
jućim duhovnim određenjem prema oslobađanju od subjektivnih
prohtjeva. Ako netko na ulici pljune pred vas, to vam se ne mora svi-
đati. Međutim, morate mu oprostiti, znajući da je nesvjestan u svo-
joj oponašateljskoj mehanici. On ne zna što čini, spava. Tako da mu
možete oprostiti, jer on već trpi svoje muke Sna – stanje koje vam je
vrlo poznato.

Ovaj dio učenja o transformaciji često se iskrivljuje u praktici-
ranje pasivnog prihvaćanja *svega*, bez aktivne Savjesti, što samo vodi
konfuziji. Ponekad, među redovnicima i pogrešno vođenim grupa-
ma Četvrtog Puta, ova ideja pretvara se u prakticiranje stvaranja još
više patnje ili "trenja" kako bi se izazvala brža transformacija. Takav
stav nije djelotvoran, jer stvarati patnju znači promašiti metu u
ovom sustavu. Možete se uvjeriti da je vaš svakodnevni život pun
svake patnje i lažnosti, dovoljno da vam doživotno služe kao gorivo
za Rad.

Ovo je jedno od nebrojenih mogućih iskustava transformacije
stvorenih tijekom bavljenja Radom. Ono čini da se osjećate pročiš-
ćenima, jasnijima, lakšima, s novom perspektivom i tolerancijom, i
širim pogledom s razumijevanjem. Ako ove prakse provodite ispravno
no i ustrajete u njima, otkrit ćete da se morate boriti s mnogim stva-
rima, i s jednima te istima koje se ponavljaju. Isto tako, otkrit ćete i
oslobođenu autentičnost.

Primijetite koliko je mnogo "biranja" u procesu. Za početak,
birate prakticirati Samopromatranje hotimično, birate uložiti u nje-
ga svoju pažnju i napor. To znači obavljati Rad voljno. Birate zausta-
viti svoju mehaniku i razmotriti svoje unutarnje reakcije objektivno i
u svjetlu ideja Rada. Birate prihvatiti ono što vidite i preuzeti odgo-
vornost za to. Birate zapamtiti svoj cilj. Birate dopustiti sebi poniz-
nost i transformaciju. Birate s integritetom misli koje mislite, riječi
koje koristite, emocije na koje pristajete. Birate svoje akcije i motive,
praštanje i vanjsku konsideraciju, birate kojim ćete se utjecajima
prepustiti.

Upravo je nevjerojatno inteligentno da nešto u vama, što je
više od vaše nepostojane osobnosti, vrši te izbore. Prava Savjest tre-
ba biti ta koja bira. Prava Savjest postaje aktivna kada izaberete uči-
niti Osobnost pasivnom i slijediti Rad. Sve ove duboke stvari ovise o
Samopromatranju. U Radu, transformacija iznad svega ovise o Sa-

mopromatranju.

Ovaj proces, koji znači hotimično uzdizanje sebe do višeg stanja svijesti, mora se prakticirati nebrojeno mnogo puta da bi se izgradila nova psihološka struktura koja će vam dati perspektivu razvijenog razumijevanja.

Ukoliko ste sav Rad prakticirali ispravno, pojednostavljeni pregled procesa izgledao bi ovako: vi promatrate nešto u sebi, Stečenu Osobnost ili negativnu emociju koju osjećate i sada se mora promijeniti. Na promatračnici ustrajnog Samopromatranja imate uporište s kojeg možete reći "To nisam ja" i osjetiti razdvajanje između Promatračkog Ja i Ja Osobnosti. Definiranje ove distance između Promatračkog Ja i Stečene Osobnosti pomaže u postizanju Unutarnje Odvojenosti.

Nakon što ste promatrali određene stvari i identificirali ih, i hotimično radite protiv njih, morat ćete prakticirati Unutarnju Odvojenost i Unutarnju Tišinu, Usmjerenu Pažnju, unutarnji i vanjski Stop, Neidentifikaciju, i sve ideje Rada primijeniti na problem. Nakon što opetovano promatrate problem, i opetovano se odbijete identificirati s njim, on će se vremenom sve više udaljavati od vas, sve dok ne izblijedi. Izgubit će snagu, zvučati šuplje i lažno. Uočit ćete koji je Pogrešni Rad povezan s vašom psihom, i posljedično sve više biti u stanju reći tome "To nisam ja". Postupno će se problem na kojem radite rastvoriti u svjetlosti Razumijevanja i transcendirati. Obično je potrebno dugo vremena dok Samopromatranje postigne takve rezultate. Ali ponekad neki problem s kojim se borite naprosto nestane u trenu kad ste ga objektivno promotrili. Rezultati su u svim slučajevima isti. Vi ste slobodni i svjesniji – Neidentificirani.

Neidentifikacija

Psihološko stanje zvano Neidentifikacija u Radu je stanje nevezanosti, ne od života, nego od moći i utjecaja koje život ima nad vama. Razlika je vrlo suptilna. Nije riječ o nemarenju za život uz neemocionalno odbacivanje njegovog značaja. Riječ je o transcendiranju vaših subjektivnih reakcija i prohtjeva od života u korist viših, svjesnijih emocija. Potreban je napor da bi se postigla samotranscendencija Neidentifikacije, ali ako postignete to stanje, ono je samo po sebi nenaporno. Ono je lagano jer nije vezano za tešku, grubu energiju Negativnih Emocija. Osjećate se jasnijima jer iz više perspektive svijesti možete vidjeti više, možete vidjeti veze, razmjer i relativnost, a to vam donosi razumijevanje koje daje slobodu i mir.

Istinski oblik ovog stanja mora se dosegnuti kroz razvijeno Razumijevanje. Razumijevanje ima snagu i može graditi Svijest i stvoriti Neidentifikaciju. Ponekad možete uskočiti u privremenu nevezanost, bez razumijevanja koje prati razvoj trajnijeg stanja Neidentifikacije, ali pripazite da ne koristite ovu praksu za emocionalno-disocijativni bijeg. Takvo iskrivljenje prakse ne može izgraditi ništa. To znači promašivanje cilja prakse.

Istinska Neidentifikacija je svjesna aktivnost, pa i ako je najveći dio napora činjenje osobnosti pasivnom. Osobnost je uvijek najprije zaokupljena onim što misli da želi. Vi morate dosegnuti točku u kojoj nećete zauvijek željeti ono što mislite da želite, tako da umjesto toga možete željeti Rad i ono što on naučava. Činjenje vlastite volje pasivnom na ovaj način jest vrlo svjesna i hotimična aktivnost. Ona zahtijeva energiju i pažnju, i tu nije riječ o pasivnom odustajanju od odgovornosti ili Savjesti. Krajnji i dostižni rezultat je željenje samo Božje Volje, što je u prirodi stanja Neidentifikacije.

Učitelji i škole

Rad je vrlo čist i jasan put, gdje su iskrenost, poštenje i integritet od suštinske važnosti, a ispravan cilj je određen od početka. Intelektualne ideje Rada pretvaraju se u emocionalno razumijevanje kroz vašu osobnu praksu. Sasvim je jasno da morate učiti od nekoga tko razumije ovaj put. Ne možete dobiti prave smjernice u Radu od nekoga tko samo zna o njemu. Mnogi ljudi temeljito poznaju ideje Četvrtog Puta, ali nemaju razvijeno razumijevanje nužno da ga poučavaju iz ispravnog kuta. Imati lošeg učitelja u Radu, bio on beskrupulozni varalica ili tek netko bez razumijevanja, ozbiljno je opasna situacija koja može oštetiti ili čak osakatiti vašu psihologiju, samo zato što se poduka vrši bez Svijesti ili Razumijevanja i istinskog Cilja.

Premda Sustav sadrži velike intelektualne ideje koje možete proučavati i razmatrati sami za sebe, transformacijski osobni unutarnji rad apsolutno zahtijeva jedan na jedan, licem u lice rad s Učite-

ljem. Napredni učenik pod vodstvom učitelja može podučavati koz-
mologiju i osnovne prakse. Ali prepoznavanje vaših individualnih is-
kustava, prilagođavanje praksi, vođenje kroz proces – te stvari mora-
ju doći od nekoga tko je postigao stupanj razvijenog Razumijevanja
kroz svoje osobno iskustvo.

Autentični Učitelj u Radu Četvrtog Puta podučava iz ljubavi,
kako bi očuvao Učenje i proslijedio ga drugima da bi nastavili s vlas-
titim rastom. Pravi Učitelj ne mora biti božansko biće, čak ne mora
biti ni savršen, ali za tu poziciju postoje neke prepoznatljive, provjer-
ljive pretpostavke. Učitelj u Radu mora posjedovati osobni integri-
tet i visoki standard Savjesti. Vi bi morali u njemu vidjeti primjerno
ponašanje i Biće. Ono što vam Učitelj govori treba vas voditi k Ra-
zumijevanju. Smjernice koje dobijete trebale bi vas također odvesti
dublje u Razumijevanje. Trebali bi biti u stanju verificirati rezultate
primjene Učiteljevih uputa i osjećati rast nove kvalitete Bića.

U tome se možda krije najveća poteškoća. Iz glavnih grupa
koje su potekle od Gurđijeva, Uspenskog i Nicolla nisu proizašli
kvalificirani učitelji, jer je ovo Učenje jako iskrivljeno i udaljeno od
svog cilja i konteksta od strane današnjih generacija učitelja i škola.
Postoje brojne grupe, od malih konverzacijskih ili studijskih grupa
do međunarodnih škola s tisućama članova. Ali nema pravih učite-
lja. To znači ni pravih škola.

Neupitno najbolja okolnost za susret s Radom i njegovo prak-
ticiranje jest, ili bi bila, autentična škola. Ako ovaj put shvaćate oz-
biljno, vrlo je korisno biti povezan s drugim ozbiljnim učenicima.
Možete učiti razmjenjujući iskustva i ujediniti svoje znanje i razumi-
jevanje kroz raspravu, i možete međusobno verificirati kvalitetu va-
šeg učitelja. U ovom trenutku nema poznatih škola ili učitelja u tom
smislu. U stvari, postoji puno beskrupuloznih pseudo-učitelja i prije-
tvornih grupa koji upotrebljavaju Četvrti Put, ili prije zloupotreblja-
vaju za vlastitu korist, nimalo se ne obazirući na štetu koju čine.

Oni koji su zainteresirani za slijeđenje Četvrtog Puta trebaju
biti vrlo pažljivi kada danas traže školu. Pomno pročitajte pisanja
Gurđijeva, Uspenskog i Nicolla, osobito Nicollove "Psihološke ko-
mentare". Postavljajte mnogo pitanja. Budite voljni predati se Radu i
poštivati i cijeniti svog Učitelja bez odbacivanja trunke Prave Savjes-
ti koja je živuća u Magnetnom Centru – trunke koja zna da je Dobro
iznad Istine. Zapamtite da je priroda Apsoluta Savršeno Dobro i ne

predajte se ničemu što nije dobro. Ne dajte se uvjeriti da ćete izgubi-ti Rad ako napustite neku određenu grupu. Rad ne pripada školi. Vaš stvarni osobni Rad pripada vama i možete ga prakticirati – biti u Radu – bilo kad, bilo gdje. Rad je osmišljen tako da možete razviti trajnu sposobnost percepcije koja je vaš osobni Unutarnji Učitelj. To se naziva obitavanjem Duha Svetoga.

- kraj -

KAZALO POJMOVA

Ostali naslovi iz biblioteke Oslobađanje:

- Denis Kotlar: *Mala studija o nevidljivim ljudskim i neljudskim entitetima i utjecajima* (Zadar, 2011., ISBN 9789535698906)

U pripremi:

- Armin Risi: *Svjetlost ne stvara sjenu – duhovno-filozofski priručnik* (prijevod s njemačkog: Ivana Beker)

- Armin Risi: *Radikalni srednji put – Prevladavanje ateizma i monoteizma – Smjena paradigmi* (prijevod s njemačkog: Ivana Beker)

CIP-Katalogizacija u publikaciji
Znanstvena knjižnica Zadar

UDK 141.33
    133.3

NOTTINGHAM, Rebecca

    Četvrti Put i ezoterijsko kršćanstvo : uvod u
učenje G. I. Gurđijeva / Rebecca Nottingham ;
<pripremio za tisak Denis Kotlar ; s engleskog
prevela Ivana Beker>. - 1. izd. - Zadar : vlast. nakl.,
2012. (<S. l.> : Createspace.com). – 93 str. ; 22
cm. - (Biblioteka Oslobađanje ; knj. 2)

Kazalo.

ISBN 978-953-56989-3-7

140105015

www.ingramcontent.com/pod-product-compliance
Lightning Source LLC
Chambersburg PA
CBHW020512030426
42337CB00011B/358